完形治療的實踐

卓紋君　校閱主編

卓紋君、徐西森、范幸玲、黃進南　譯

GESTALT COUNSELLING IN ACTION

Second Edition

Petrūska Clarkson

English language edition published by Sage Publications of London, Thousand Oaks and New Delhi. © Petrūska Clarkson, 1989, 1999

譯者簡介

卓紋君（校閱主編，第二、三、四章）

學歷：美國德州大學奧斯汀分校諮商教育碩士

　　　美國德州大學奧斯汀分校教育心理哲學博士

經歷：嘉南藥理學院嬰幼兒保育系專任副教授

　　　嘉義大學家庭教育研究所專任副教授

　　　臺南師範學院兒童諮詢中心心理諮商師

　　　高雄市兒童青少年與家庭諮商中心主任督導

　　　高雄師範大學輔導與諮商研究所教授兼所長

現任：高雄師範大學諮商心理與復健諮商研究所教授兼所長

徐西森（第一、八、九章）

學歷：高雄師範大學輔導與諮商研究所博士

經歷：高雄科技大學（原高雄應用科技大學）人力資源發展系教授

　　　臺灣諮商心理學會理事長

　　　台灣輔導與諮商學會理事長

　　　中華民國諮商心理師公會全國聯合會理事長

　　　美國麻州大學波士頓分校諮商與學校心理學系學分班

現任：高雄師範大學諮商心理與復健諮商研究所教授

　　　財團法人犯罪被害人保護協會董事

范幸玲（第五、六、七章）

學歷：美國費城聖經大學心理諮商碩士

高雄師範大學輔導與諮商研究所博士

經歷：高雄市兒童青少年與家庭諮商中心兼任諮商心理師

屏東縣家庭諮商中心兼任諮商心理師

屏東縣學生輔導與諮商中心外聘督導

美和科技大學諮商輔導中心主任

美和科技大學社會工作系副教授

現任：美和科技大學社會工作系兼任副教授

全職實習心理師專任督導

黃進南（第十、十一、十二章）

學歷：高雄師範大學輔導與諮商研究所博士

彰化師範大學輔導與諮商學士、碩士

中華民國考試院諮商心理師特考及格

經歷：和春技術學院教務長、學務長、通識中心主任、輔導中心主任

屏東教育大學教育心理暨輔導學系兼任副教授

高雄師範大學生命教育研究所兼任副教授

美和科技大學社工系所兼任副教授

屏東縣諮商心理師公會創會暨第一任理事長

屏東縣學生輔導與諮商中心外聘督導

屏東縣家庭諮商中心主任督導、諮商心理師

高雄市社會局兒童青少年與家庭諮商中心諮商心理師

社團法人高雄市生命線協會主任

現任：高雄市教育局家庭教育中心外聘督導

前　言

　　寫一本有關心理治療的書是充滿挫折的。正因為某些撰寫內容乃是在探索我和當事人諮商對談過程中所共同分享的重要意義，我痛苦地徘徊在我與其他人類栩栩如生而充滿活力的接觸會心，以及書寫文字過程中慘白且靜態的一面之間。

　　我一直在感到無法精確地依照每個當事人獨一無二的方式，來呈現其個體的完整性、律動和立即性，以及想要為有心「閱讀此書」的新手諮商員與學生解惑之間改變心意。我為完形治療實務所蘊含的豐沛智慧而感到熱血沸騰，也經常為了書籍的封面受到羈絆而感到焦躁。

　　我（和其他人）有時候會為了各派完形理論學者之間的分歧差異，甚至於矛盾背馳而感到絕望，有時候也會因其百家分鳴而帶出創意的自由而感到歡欣不已。

　　完形最重要的概念是強調個體的整體性（whole），如嗅聞、品嚐、直覺、環繞於個體四周的環境，個體生命歷程的脈絡關係，以及現世生活的全部映照等等。而所有這些共存現象就如一首優秀傑出的詩作，其所隱藏的藝術性未曾被全然地發掘，所有的象徵及文字、韻律與形式互相交繪成一幅充滿生命、悲劇，及風趣幽默的織錦畫。

　　這是一本導論形式的書，按照時間順序來呈現，以滿足初學者想瞭解完形的需求，它的內容不在於討論嚴重的臨床診斷的問題。完形治療極為強調在左、右半腦功能並濟之下所激發出身心交融的洞察。

由於上述編寫的目的，自然無法全然描述出其中精髓。本書只是一個入門，是一個完形理論的刻面，呈現的僅是萬花筒般之大千世界的一個片段，永恆之中的一個片刻。

　　本書不算是一本關於完形的書，因為可被描述的完形就不是完形。這是一本環繞於完形的書。在本書中沒有任何一個案例的說明是來自於真實的當事人，因為沒有任何一個我曾經與其作過諮商治療之真實個體的面貌，會完全地被捕捉於本書之內，他們僅偶爾出現於少數的文句中。他們的特質是無法被描述的，他們的真實性也會因為我刻意地用各種不同的身份、生命故事及文字加以混淆，而蒙上一層面紗。我仍然希望有些曾經對我有所教導啟發的個案也能為別人照亮道路。謹以感謝與愛將本書獻給提供 Gary 個案研究的 Sue Fish。

Petrūska Clarkson

校閱主編者序

　　在國外唸書時，修習最完整的諮商學派應該算是認知行為學派，當時還由任課教師帶隊，由 Austin 前往 San Antonio 去參加 David Burns 帶領的認知行為治療工作坊。然而這過程只令我感到這個學派的神奇，但卻少有個人的感受與觸動，當時還未能完全瞭解為何會如此，及至回國參加 Rose Najia 及 Toni Key 帶領的完形治療專業訓練時，才恍然其中的差別。原來我學習諮商學派最先是從認知的層次開始，重在學習及掌握學派的概念、理論及技術，但對於與自我的連結並不太多，在接受完形訓練的期間，看著團體中許多成員選擇冒險，勇於做自我的探索、個人問題的處理，而自己在初期仍用「認知」的方式在消化、分析與理解完形治療；後來自己也嘗試開放，開始投入自我的生命探索之旅時，才更進一步體會完形治療的精髓：原來學習者必須先把自己融入其中，才會有所感動與領悟。於是我喜歡上完形治療，我也想把完形治療介紹給對它感興趣的人，甚至是願意透過體驗來成長的人。

　　這一路走來，四年的訓練在實務觀察與個人體驗上是豐富的，這些均有助於我從事諮商與心理治療的實務，但是對於熟識完形學派的相關論述與學理則是相對不足。我開始感到其中的欠缺，以及需要在體驗和知識之間求得一個平衡，尤其自己也是學術領域中的一份子，由於教學的職責所在，如何透過文字把完形治療介紹給諮商工作的學習者與實務者，漸漸成為我的「圖像」。幾經思索，我選擇從翻譯原

文書開始，把一些重要、具代表性的完形書譯成中文，一方面作為教科書，另一方面也可提供完形實務工作者有更多機會深入認識完形的學理。因為有這個願望，心理出版社幫我開始了這個圓夢的任務——取得版權。

　　選取《完形治療的實踐》（*Gestalt Counselling in Action*）一書做為第一部完形治療的中譯書，主要是因為它年代較新，內容也是較為統整的，對完形有超越一般諮商理論教科書的介紹與實例，可以讓讀者對完形有更深的認識。翻譯的過程主要是由譯者負責各自選擇的章節，自行翻譯，同時每個月定期聚會，互相討論自己所遇到的困難，如：專業術語或較難理解的文句；另外也在此聚會中，達成對一些完形術語中譯的共識。之後，再由譯者輪流交換閱讀彼此的譯作，以力求彼此中譯的用語盡量接近。最後，再由校閱者做全書譯文的斟酌及順稿工作，光是這樣的過程也花了將近一年的時間才完成。此書的中文名稱蒙西森的建議，把「in Action」翻成「實踐」，一來反映完形治療是一個身體力行的學派，二來也反映我們翻譯小組對自己的期許。譯稿的完成只是翻譯工作的「完形」，對於完形治療的學習則一直在進行之中，還未能「消退」。譯文中若有何錯漏，乃是校閱者的疏忽，還請各界不吝指正。

卓紋君

二○○二年七月七日於高師大

目　錄

第十章　滿足和諮商過程的倒數階段　187

1 完形緒論

完形的定義

德文的 **Gestalt** 並不容易譯成英文單字，它是一個十分複雜的概念，一個兼具有風格、模式、全貌、結構等意涵的概念。它也是一個有結構的「整體」而非各部分的總和，「整體」是大於各部分的總合。

「家庭」便是一個解釋完形概念相當有效的實例。家庭是由各個成員所組成，每個家庭成員各有其獨特的心理狀態，我們可以對每位成員個別分析，但卻無法將個別成員的分析結果拼湊成是其家庭運作的分析結果，此二者有很大的區別。

完形治療法的目標旨在協助個人發現、探索並且體驗自己的風格、模式和整體性（wholeness）。完形最終的目標是「整合」個人尚未統合的部分，分析只是完形過程中的一部分。如此個人才能真正完全地發現自我的本質並且發揮潛能。此一充分又完全的體驗將足以使個體擁抱其生命的整個歷程與每個當下。

完形取向的諮商

完形取向的諮商重點在於每個人、每個當下和每一個生活事件的認知和體驗皆有其整體性。有些研究報告指出,人類的左半腦與右半腦各有不同的職司功能,左右半腦的功能運作並不單純,也非各自獨立。對於一位慣於使用右手的人而言,其左半腦較發達,較具有邏輯思考、因果關係和推理的能力;相對地,右半腦發達的人,具有音樂節奏感、空間關係和直覺的能力 (Ornstein, 1972)。完形取向較強調右半腦、非直線性思考——這並不代表完形忽略認知思考,而是一種互補。舉例而言,右半腦的思考常會運用到個人的直覺能力,而此一直覺能力有助於當事人從客廳的情境去察覺整個家庭的氣氛。這好比是一間牆上空無一物、屋內擺設各種實用家具而且整整齊齊的客廳,它是不同於另一間沙發上擺設有柔軟的椅墊、圖畫、鮮花,而且整個空間令人感到舒適的家庭,後者較前者營造了不一樣的完形氣氛。

完形學者的治療特色是使用暗喻、幻想和意像,他們重視姿勢、動作等身體工作,運用演出、視覺化和時間倒轉等技術,以及從動態的身體工作中去充分展現其感覺。

> 總而言之,完形治療師所使用的治療技術與步驟大部分是採用中斷左半葉的大腦功能、催化大腦右半葉的覺察和記憶等方式,以期將個人過去和現在的經驗更適切地整合與象徵化。(Fagan, 1977: 67)

　　Fritz Perls 是突破傳統、色彩鮮明之完形治療學派的創始人。他對當時（過度簡化、宿命化和理智化）的分析觀點提出批判、反駁，而且重新建立一種精神疾病的治療方法。他經常使用一些具有煽動性、誇大性的言詞，諸如「放下你的大腦，靠近你的感覺」，而且他將那些過度理智化的論調視為「狗屎」。過去完形治療法被誤以為是完全不重視左半腦的認知功能，這真是不切實際而且錯誤的觀念；今日，完形的目標乃是要整合個人的身體、認知和感覺，並在社會互動的情境下來觀察人類最基本的需求。

　　就理論而言，完形也是一種整合性的諮商策略，它是植基於存在主義。存在主義乃是強調藉由關係、覺察（awareness）和實驗（experiment）等基本方法來結合心理分析的知識和專業運作的歷程。

　　讀者在實際運用完形治療法之前，若想要瞭解此法的歷史背景和哲學觀點，本章會先提出一些與完形治療法有關的二十世紀心理學發展方面的理論及其說明。讀者也可在讀完本書其他章節之後，再重新回到本章閱讀，或許更能瞭解其意。

完形取向的內容

　　完形治療法源自於傳統心理學的「存在─人本主義」。存在─人本主義學派的臨床人員認為任何專業助人者在投入諮商工作時，必然會涉入個人的價值觀與人性觀。因此，完形治療法在本質上乃是心理學「第三勢力」（third force）人本主義之一支。完形治療法興起於一九五〇年代至一九六〇年代，而其專業化、理論化

與制度化則成長於一九八〇年代。

　　約在此時，完形治療也已成為美國心理治療方法的主流之一（Polster & Polster, 1974）。在英國，現階段也有數百位心理治療人員基本上認同自己是一位完形治療師。

　　完形治療源自於二十世紀初心理學的三大主流勢力之一。一九〇〇年，Freud出版第一部重要的作品《夢的解析》，使其心理分析論在當時逐漸成為心理學知識和心理治療的主流代表。Freud學派和Klein學派的心理分析論均傾向於主張人類行為會受到個體生理因素的限制，特別是受到性與攻擊驅力的影響。依照Freud的說法，心理分析的目的乃是在探索、瞭解或分析人類的行為，而不在於改變人類的行為。

　　心理學領域的第二大主流勢力則是來自於Pavlov（1928）的理論系統。這位俄國的精神病理學家專門研究人類的反射行為和其他的學習行為。此一學派的專家學者和臨床人員往往被稱為是學習理論者、行為改變論者，或是認知行為論者。

　　一九六八年，Maslow創出「心理學第三勢力」的名詞，以有別於 Freud 學派和 Pavlov 學派等傳統理論主流，完形即屬於此一心理學中的第三勢力。理論上或觀念上，傳統的人本—存在主義和心理劇創始人 Jakob Moreno 等人的學說有些淵源，Moreno 可以說是第一位讓「病人」扮演自己生命戲劇中的角色，並且指導病人為自己生命角色負責的精神病學家，他長期致力於從事病人自我醫療的工作。同時，Moreno 也以人本—存在主義為基礎，對兒童進行團體的心理治療，並早自一九〇八年就已開始撰寫一些相關的專業文章（Moreno, 1979）。

　　Eric Berne 是溝通分析論（也屬於存在—人本主義的心理治療

學派）的創始者。他曾評論 Perls （1969b）所寫的《*Gestalt Therapy Verbatim*》一書，並給予極高的評價。他提及完形與心理劇二者的關係是：

> Perls 醫生是一位博學之士，儘管他引用或抄襲了心理分析、溝通分析以及其他取向的理論，但 Perls 更融合了他個人清晰的專業理念，自成一家之言。Perls 和當時其他熱門（active）的心理治療學派一樣都面臨了一個共同的問題，那就是這些治療學派在專業技術的運用上都有所謂的「Moreno」問題：它們都難有新意，因為幾乎所有眾人熟知的專業技巧，皆已被 Moreno 在心理劇中試驗、使用過了。（Berne, 1970: 163-164）

Fritz Perls 自認為完形治療與 Binswanger （1958）的 Dasein 治療法、Frankl （1964/1969）的意義治療並列為存在主義取向的三大學派，但完形學派則是一支唯一以現象學（Phenomenology）為基礎的心理治療法。現象學係心理學的分支，它是以哲學為基礎，工作重點是從個體的認知（concept）轉向重視自我的覺察。為了探討事件的真相、個人或情境，現象學家著重在「敘述」（describe）經驗而不在於解釋事件或預設其立場。任何對事件的評價均被視為會模糊人們對該一現象的認知並且干擾當事人的直接體驗。

許多當代的完形學者認為，完形取向的治療法係一種最具代表性、最完整的專業理論與技術，他們甚至比 Perls 更堅信此一看法。完形治療法彙整了存在主義主體觀的理念與技術，並將之有

效地運用在精神病理學的醫療情境中（Dublin, 1977: 134）。

完形心理學的歷史淵源、場地論 和心理分析論

完形心理學

　　一九二六年，Frederick（Fritz）Perls 在「軍人腦傷醫療機構」（The Institute for Brain-damaged Soldiers）工作，此一機構係由著名的精神病學家 Kurt Goldstein 所創。Goldstein 相當重視有機體的統整性，此一理念在當時深深影響著 Perls 這位年輕人。Goldstein（1939）強調個人（有機體）行為有其整體性，具有追求**自我實現**的動力，無論它曾經受到多大的創傷。同時，Perls 也深受 Wertheimer（1944）、Koffka（1935）和 Köhler（1947/1970）等完形心理學代表的影響。另一完形心理學家 Laura Perls 則被認為是影響 Perls 將其所創的「專注治療法」（Concentration therapy）定名為「完形治療法」（Gestalt therapy）的重要人物。Laura Perls 後來成為 Perls 的妻子，她也是完形學派中非常重要的一位實務工作者、訓練者及倡導者。在 Perls 等人（1951/1969）所寫的主要著作《完形治療：人格的振奮與成長》（*Gestalt Therapy: Excitement and Growth in the Human Personality*）一書中，即明確地指出「**專注的自我**」（**concentrating self**）乃是有機體追求自我實現的人格核心。

　　完形心理學的理論基礎係以人類知覺方面的實驗為主，這些

知覺實驗都在強調個人功能性、成長性的整體論、生物論和有機體論。Perls 從中融入了完形心理學的部分觀點，例如：圖像（figure）與背景（background）的原理、知覺封閉性的原理、清楚的圖像、主體的具像化和人類主要的心理需求。他強調人類會自個人現有的知覺場域中創造出一個更有意義的個人建構，即使知覺場域中現有的資訊不足，個體仍具有統整性的認知傾向。完形運動的確對心理學界產生相當大的影響，它揚棄了視人為「原子」、部分相加等於整體的概念，代之以「有機體是一個整體的概念」（Perls et al., 1951/1969: 26）。

　　依照完形理論的觀點，將個人存在的知覺、經驗加以整合並賦予**意義**，乃是人類行為中的主要活動；是故，完形取向的治療法即在於運用此一有意義的整體觀來探討、解釋人類在生理或精神生命的本質。大部分源自完形理論的完形治療法乃植基於探討人類的心理需求是如何產生、如何受到阻礙、如何獲得滿足等議題。本書即在於闡釋：這個歷程中的不同發展階段（「完形」的形成與消退），並以此一完形循環圈的模式，來對應出諮商歷程中各個不同的發展階段。

　　完形心理學論述人類需求的展現、重要性及其滿足等議題時，有一個重要的概念便是「**圖像與背景**」的關係，它也是說明人類需求或經驗之整體性的基本知覺原理，下頁圖 1-1 即在說明此一圖像與背景的交互關係。圖內顯示有兩個臉孔或是一個花瓶的圖像，但同一位觀賞者卻無法在同一時間內同時看到前述兩種圖像。當其一為圖像時，另一則為背景，反之亦然。對任何人而言，其所覺察的「**圖像**」通常表示和當事人知覺經驗有關或最有意義的事物，它會完全吸引著當事人的興趣與注意力。當一個人無法滿足

其內在基本的需求時，例如：生理上的飢渴，則食物等刺激便將
成為決定個人所有生存的焦點；又如一位飢餓的衣索匹亞人，簡
食如清粥對其吸引力可能較精心烹調的美食更為強烈；但有時候
某些人類的基本需求，諸如睡眠、飲食等等，也會被其他較高層
次的心理需求所取代，例如：傳統上為了宗教信仰而進行的禁食
齋戒。

圖 1-1　圖像與背景

「**背景**」意指個人圖像經驗後的對應景物，例如：當我專注
於書中本頁的文字時，室內播放的音樂即成為「**背景**」；當然，
一個人專注於聆聽室內所播放的音樂時，音樂也可能在當下成為
自我知覺經驗中的圖像。完形治療取向強調個人好的經驗是來自
於一個又一個清晰的圖像，這個圖像可能好比是睡眠的生理需求，

也可能是諸如人際親密感的社會需求。一個好的圖像指的是能與其背景區隔開來，並來自帶有個人強烈興趣的圖像。個體內不同層次的需求，其移轉的方式不會互相混淆，一旦某一層次的需求滿足了，也不會影響其他層次的需求滿足或支配、控制個體的整個系統。例如：當一個人睡眠與休息的需求滿足後，便又可以充滿熱情與活力地繼續工作；又如當個人求知的需求滿足後，也可以自由自在地與朋友談心。

　　理論上，在圖像與背景交替中，**每個瞬間的串結（the sequence of moments）**便構成了「經驗循環圈」（cycle of experience），或稱之為「完形形成與消退的循環圈」，此一背景與圖像之間動力性轉換的**歷程**將留待稍後再詳細討論。圖像／背景轉換的過程可能要經過好幾年的長期訓練才會發展出，就像要成為一位合格的醫師也需要很久的時間一樣；當然，它也可能發生在剎那之間當事人「啊哈！」的頓悟經驗中。例如：曾有一位案主突然間領悟到，原來過去他渴望從母親身上滿足某種需要的經驗，與今日他對妻子所反應的期待經驗是一致的。這類頓悟的經驗可能會完完全全地改變一個人的過去與未來、期望與瞭解、圖像與背景。

　　圖像與背景之間的交互關係及其彈性與富創意的轉換歷程，也可能會長期或嚴重地受到阻擾，僵化（固著）及缺乏顯明跳動轉換的圖像會干擾個體完成其充分的「完形」，這將導致一種「固著的完形」（fixed Gestalt）或是一種「未竟的經驗／情境」（unfinished experience/situation），並且也會干擾個人和自我、和他人的良好互動，或是干擾其當下所處的環境。而後，這些未被滿足的需求會成為不完整的完形，它會更加渴望獲得關注，於是又惡

性循環地阻礙新的完形形成。

完形心理學的研究者，諸如 Zeigarnik（1927）及 Ovsiankina（1928）等人，曾經記錄下個體伴隨著不完整或未竟之經驗所引發的心理緊張狀態，以及個人企圖封存（closed）這些「未竟情境」的需求經驗。根據 Whyte（1954）的研究，自然界中凡是不完整的型態（例如一些結晶狀的外形），我們都會自然地把它轉變以尋求完整；數學公式中的符號也會呈現或趨近於完整的解答，或者是傾向於無解的結果方向。大多數的人都熟悉一件事，當無法完成一項工作，例如：一封信寫了一半或是沒機會反駁他人的看法時，當事人心中總會有種不舒坦的感覺。

有一位知名作曲家的傳說（有人說是莫札特，也有人說是貝多芬）。在某一個夜晚，這位知名的作曲家輾轉反側、難以成眠，原因是他聽到住家樓下有人彈奏一首鋼琴協奏曲，但他卻沒有將最後的合弦部分彈完；於是這位作曲家非得自己下樓把未結束的樂曲彈完後，才能安枕入眠。換言之，他是將個人聽覺經驗中未完成的部分加以「完形」後才能安心地就寢休息。

從視覺或知覺的層次而言，個人傾向於以自己認為有意義的方式來「完形」，圖 1-2 是一例證，它是一個未完成的線條，每個人看完它後，若感覺圖形尚未完成，便會以他自己的知覺經驗去完成它。諮商治療便是藉著移除不愉快、被扭曲或未完整的事物，來協助當事人處理其生活中的「未竟事件」（unfinished business），使案主生活中能形成重要的、有意義的，以及有成就感的圖像─背景經驗。當然，一般人都能容忍一定程度的未竟事件，但當這些未竟事件長期干擾個人生活，或其干擾嚴重到令人無法承受時，便可能形成暫時性或永久性的個人障礙，這正是完形治

療師臨床工作的焦點。

圖 1-2 尚未完成的完形

　　童年時未解決的事物情境常會產生「未竟情境」或「殘缺的完形」的經驗，這些未竟情境會在兒童成年後繼續困擾著當事人的生活，它們也會妨礙個人當下行為、知覺及其思考的有效運作。此一干擾將「束縛」（binds）個人的心理能量，並使其能量一點一滴地枯竭，以致於無法在現實環境中發揮潛能。當此類未竟事件或尚未完成的完形，在某種情境壓力下，被不當地或過早地封存、結束時，當事人可能會出現一些病癥。舉例而言，當 Johnny 的雙親離婚時，他們並未告知 Johnny 事情的原委，Johnny 可能因此感受到尚未完成完形的緊張，所以他會對雙親離婚一事賦予某些解釋、意義，於是他用自己那三歲孩童的邏輯思考能力去判斷父母分手的理由，可能是因為他的性別並非父母所期待的。這是一個不當認知封存的案例。對一兒童而言，這種解釋在當時確是合理、可能的，而這種認知想法也是有意義的，但當他到三十歲時，仍然隱約感受到自己是生錯了性別，那就有問題了。

場地論

　　德國心理學家 Kurt Lewin（1952）是場地論（Field Theory）
的創始者。Perls 學會以 Lewin 場地論的觀點來看待個體的心理關
係。Lewin 認為要瞭解一個人，唯有自其所處的場域中觀察才是有
意義的。此種個人與環境所產生的交互關係便是完形治療取向的
核心概念。Lewin 相信人類的行為反應係受當下的狀態（psychol-
ogical present）所決定，「當下」較「過去」或「未來」更為重
要。他認為所謂的「潛意識」（the unconscious）是指個人當下非
圖像的部分（was not figural at the moment）。

　　由此觀之，若欲瞭解個人行為，只能將個人視為是整個系統
中最重要的部分（圖像）來加以觀察，因此完形學者都是將**個人
及其需求**並列於一個社會文化的**脈絡（context）**中來進行研究。
當然，觀察者也是上述互動場域裡的一份子；任何人企圖要做到
「中立」或「客觀」，或是想將個體獨立於場域之外來研究其心
理狀態，此等作法皆是不夠科學、不夠嚴謹完整，終究有其限制。
「唯有有機體與環境的交互運作……才構成其心理場域，而非將
個體與環境加以分離」（Perls et al., 1951/1969: xii）。由此看來，
完形治療可算是最早以**系統觀點**來研究人類問題的一種心理治療
法。

　　有些心理分析理論會從客體─關係的角度來探討個人行為，
至於完形治療取向通常是用個體及有機體這兩個字（根據 Goldstein
的說法）來代表一個人，旨在強調人類是具有動態本質的生物體
（兼有動物性、社會性與心靈方面的需求），人類會有系統地與
其週遭的環境相互依存──一個真實的生態取向。Zinker 認為「實

際而言，心理的系統、心理的場域及心理的完形，三者的特性大部分是相同的」（1987: 76）。

Friedlaender 和整體論

Perls 曾於南非設立一個心理分析機構，當時他深受 Jan Smuts 首相寫的文章所影響。Smuts 發展出的整體論（Holism）積極含納了身體與心靈（body-mind）合一而且是以因果關係為基礎的概念（Smuts, 1926）。視個人為一整體的觀點，肯定個體的複雜性、多變性以及反對簡化主義。

另一位對完形理論產生重要影響的學者是 Friedlaender，他曾撰寫《*Schöpferische Indifferenz*》（《創意的漠然》，1918）一書。Friedlaender 認為反向思考乃是人類心智與生命的一項重要特質，他假定同一時空下相對存在的事物或概念，彼此之間的關係較之於其他事物、概念會更為密切，例如：虐待狂／被虐待狂，生龍活虎／無精打采，這正足以說明為何人類能夠在兩個極端的事物之間作一細分。完形治療歷程中經常會出現「創意的漠然」，此乃一值得玩味的態度，可用以平衡兩個極端的心理傾向，例如：滿懷失望與達成期望。完形治療師對當事人極端不同的生命經驗均會感到好奇，並且也要隨時對當事人的心路歷程保持一種「中性有趣」（neutral interest）的態度。「唯有透過內心常保警覺性的方式，我們才可以獲得一創造性的能力……，藉此來避免形成單向的觀點，以期對有機體的結構與功能有更深一層地瞭解」（Perls, 1969a: 15），如此一來，原本兩極化的矛盾關係將會益發凸顯。此一安然看待生命的兩極，並從中一窺同時具有的真理與明顯的矛盾，也經常出現在完形治療的歷程中。今日觀之，完形

取向的治療方式其實也相當符合現代物理學的探索方法與觀點（Capra, 1976/1978）。

心理分析論的修正版

Perls 曾對 Freud 的心理分析論做了重大的修正，特別是有關兒童發展階段中口腔期部分的觀點。Perls 曾受過心理分析的訓練，他以Freud提出的口腔期、肛門期、性器期等發展階段來進行臨床工作。Perls 在他的著作中，曾表達他自己對心理分析論的一些看法。他進一步提出他個人對嬰兒發展歷程中之飢餓本能的原創見解，Perls 並以心理的新陳代謝來做類比。他認為人類對於新資訊的反應，例如：未經消化即大量接收資訊，經常反映出此人與食物的互動關係。

Perls 將嬰兒出生前的階段與長牙齒前（吸吮期）的階段加以區分，他認為吸吮期的特徵是嬰兒的「緊咬」習慣，新生兒此種有意識的活動就是要吸收食物（母乳）。

在下一階段（口腔期）裡，或可稱之為前齒期（incisor phase）或啃咬期（biting phase）。嬰兒的門牙長出來，它們像剪刀一樣，這牽涉到利用下顎的肌肉來破壞食物的整個結構（gross structure）。當嬰兒啃咬時，母親可能會感受到疼痛，而啃咬可能就被看成是傷人或受傷的舉動，「啃咬的行為越受到抑制，小孩就越不會發展出在情勢需要時，應付外界事物的能力」（Perls, 1969a: 109）。嬰兒若要抑制他啃咬的衝動就得要有令他滿意的食物以滿足他的需求，在第四階段時嬰兒的臼齒開始出現，可用以進行咬斷、咀嚼的任務，並將食物自動磨成泥狀，透過唾液進行新陳代謝。

　　Perls 在他的書中對於進食行為與心理生活做了許多類比，例如抑制生理上並無不妥的牙齒咬毀行為，可能會在稍後的成長歷程中以諸如殺戮、殘忍、好戰或自虐、自殺等有害的行為方式展現出來（Perls, 1969a: 110）。「破壞、攻擊、憎恨、憤怒與虐待狂，在心理分析論的相關文獻中幾乎是同義的名詞。而且我們永遠無法確知它所反映的究竟是一種情緒、一種功能或是一種反常」（Perls, 1969a: 117）。

　　Perls 以其字根（root）的意義「擴展」（reach-out）來說明攻擊（aggression）這個字，並且希望重新確立其生物性的功能，（它不是一種無意義的發洩，而是個體有心改變環境的具體運用）。

　　Perls 並不贊成 Freud 將人類的心理狀態區分為本我、自我與超我的看法。Perls 認為將它們視為是一個具有不同運作方式的「整體」比較有建設性。Perls 認為對人格內在進行心理建構的區分會導致個體人格分裂（Yontef, 1979a: 54）。

　　Perls 強調人格的完整性或整體性，並視自我（ego）為個人當下的體驗。完形強調「當下」而非「當時」：生活是要給人過的而不是給人談的。有些人因此對完形產生誤解，認為完形並不處理個案的過去或以前的故事。其實完形治療並非意謂當下的功能是要排除回憶、想像與計畫。假定心理分析論是將過去當成一個圖像，那麼完形便是將當下視為一個圖像（Clarkson, 1988）。

　　Perls 也不同意 Freud 把超我比喻為「翻攪反社會本我慾望的大鍋」，即視超我為人類焦慮感來源的觀點。對 Perls 而言，「焦慮是現在與稍後之間的緊張狀態」（Perls, 1976）。他又說只有缺乏創意表達的激動（excitement）才會造成焦慮，因此每個人需要

避免心生焦慮。興奮、激動乃是一種生命的動力，它有正面的價值，它能導引一個人採取行動來滿足他的需求。每個當下，在個人激動的新陳代謝時所產生的干擾，均會消弱了當事人的活力。

當然完形治療（包括存在分析）不認為人的心智中有任何一個場域是永遠或根本無法喚起其覺察的。

> Perls 運用「潛意識」此一名詞與 Freud 的想法不盡相同，這並非是要營造出否定潛意識經驗是存在的企圖。Perls 對於潛意識的過程現象只是有其不同的看法而已。（Clarkson, 1988: 78）

在完形治療取向中，用有意識地「**覺察**」圖像／背景轉移的概念來取代將潛意識看成是人格中一個無法觸及地帶的想法。

> 因此，不談潛意識，我們寧可討論「**當下無覺察**」。這個說法所涵蓋的比潛意識來得廣泛。這種潛意識不只包含受到壓抑的材料，還包括從未能浮現到意識層面的材料，還有已經模糊了、或被吸收、或者是融入更大的完形中的材料。這些無知覺的部分包括了個人所用的技術、行為模式、運動及語文習慣、盲點等。（Perls, 1976: 54）

Wilhelm Reich（1972）是 Perls 的分析師之一，從他身上，Perls 整合了慢性人格困擾者其骨骼與肌肉內所展現的武裝，Perls 認為這是尚未解決情緒衝突的最後結果。Reich 發現人們會將他們

情緒上的記憶及其對此記憶的防衛心理，存在他們的肌肉與內部器官中，這類生理的強制反應可被視為是一個人對其所遭受的創傷經驗做了過早的生理封存（結束）。曾有一位在幼年時受到性侵害而出現陰道痙攣（Vaginismus）症狀的女孩即是一個案例。因此完形治療取向注重「身體的覺察」，以做為當事人生理整合與能量釋放的路徑（當然整合永遠無法達成，成熟的過程也可能永遠無法完成）。

Perls 的另一位分析師 Karen Horney，對於「絕對應該的暴政」（the tyranny of the shoulds）（Horney, 1937/1997）的體認，也成為 Perls 提出「優勝者／劣敗者」的一個種子。

最後，我們應該記得早期的完形治療者在心理分析實務上的紮實基礎，同時在他們的寫作文章中都會認定讀者們已經對 Freud、Reich 與 Rank 等人的作品很熟悉。換言之，某些心理分析論的貢獻仍然遍存於完形取向的諮商治療中，而現代的完形學者正積極地融合客體關係理論與各類新興的自我理論。

超個人（Transpersonal）元素（完形中的「靈性」）

完形學者一直認為要去體認到人類無論遣辭用字為何，在超個人層次努力賦予意義是重要的。一個企圖建構「全人」的治療方法一定要認真看待人類對於宗教經驗的社會需求。儘管不同的個體對統整需求有不同的界定，現代的完形學者，如 Naranjo（1982）與 Polster 及 Polster（1977）皆相當重視並涵蓋心靈的層面，並視其為個人整個心理成長、改變與發展的一部分。有些完形學者發現容格學派（Jung）的理念與完形學派之間的概念，若非完全一致，至少也非常相應（Whitmont & Kaufmann, 1977; Clarkson, 1989）。

禪學對於早期的完形理論也有重要的影響，它是佛教徒的一種心靈派別，強調透過直接、直覺的洞察力來獲得開悟，它也算是利用人類的右半腦來達成對外物的理解，也可能像完形一樣有些反智性。這樣的說明或許有些膚淺，禪雖不著重在理性的思考，但它也非只期望於被動、冥想式的沉寂。軼聞、故事、詩及謎語經常被用來做為實務上引領開悟的體驗工具。這些故事試圖繞過可能會阻礙真實領悟的那些相當繁瑣的邏輯式思考。這些敘述的目的在於：

> 讓有惑者心中能出現頓悟，或是去測試他的觀察有多深入。正因如此，這種軼事是無法解釋，否則效果就會受到影響。在某些方面，他們就像是笑話，如果得去進一步闡釋其中的妙處，那就無法達到原本的笑果，要不一點即通，要不就完全不瞭解。（Watts, 1962/1974: 107）

領悟或洞見的那一刻，既非純然理性也非全憑直覺，而是**兩者皆有**的經驗整合。以此觀之，這正好比人們在治療時突然獲得了一種新的體會（一種「原來如此」的心領神會的經驗），並且改變其未來的生活方式。完形實驗並非以禪為基礎，而是在運用上與其相通，完形通常也提供案主激發成長的「謎語」（puzzles），只有完全利用個人植基於生活經驗中大腦左、右半葉的力量才能解謎。由於完形取向中此類方法的運用相當需要個人直接的體會經驗才能活用，故書面文字所能表達的十分有限，我將會在此書不同的篇幅中加入某些禪宗的故事，希望禪宗的公案

（mondo）有助於反覆提醒讀者完形取向的矛盾本質，就如同在人類的生活中，表面的矛盾可能會隱藏著一個真理。完形欣然接受矛盾的存在，因其瞭解當個人能確實安於他所在的位置時，他就已經有所改變了。

完形取向的哲學觀

在所有諮商治療的方法策略中，完形取向具有來自重要哲學根源的豐富背景。顯然地，就這一本介紹性的書籍而言，只能提出某些層面並加以強調，因此有興趣的讀者不妨自本書參考書目中的原始資料去詳加研讀，並深入探討其中理論、實務與個人價值觀之間的關聯性。

存在先於（一切）本質

對存在主義者而言，此一「存在的抉擇」觀念是人類重要的課題，這意謂著我們每個人都在對我們所接受的、拒絕的、思考的、感覺的及我們的行為方式做選擇，「意識到並且能夠負起對整個場域、自己及他人的責任，這一切正是賦予個人生活的意義與模式」（Perls, 1976: 49）。

若要逃避此種責任，就得付出「**不值得信賴**」（bad faith）的代價，或者以當事人中心取向的說法，就是「不真實」或「不一致」。在此舉一例子說明如何負責，那就是避免使用一些消極受害者態度導向的言詞，儘量不說「我得納稅或自個兒洗衣」，而是說道「我選擇做這些事是因為我不想要其他選擇所帶來的後

果」，這種說法強調了每個人對於他自己所做的決定具有無可推卸的責任。

有了這種認知與責任的想法後，就可增強個人的反應能力。當個人越充分瞭解我是誰，以及我此刻在做什麼時，我就可以感受到更多改變的自由，也更能選擇我的回應方式。例如：在充分自覺的情形下選擇自我犧牲的行為，便可以把在壓迫下的受虐行為變成是真真切切誠意的表現。當然有許多情況下，人們是沒有太多選擇的餘地，例如：處於監禁或貧困之中。但是根據存在主義者的觀點（Frankl, 1964/1969），人們仍然能夠選擇對此類情境的反應。我們的確是注定要自由的（Sartre, 1948）。對我而言，（在諮商與心理治療的情境中）完形治療所強調的整體觀似乎已運用到存在主義的精髓。

現象乃首要

Yontef（1979b）將完形治療定位為一種臨床現象學，由Hasserl（1970）、Sartre（1948）及 Merleau-Pony（1973）所發展出來的現象學，正是完形取向的核心哲學。Perls 也確實認為完形是唯一純粹以現象學原理為基礎的治療法，現象學利用專注於當下的經驗來找尋真理或知識的源頭，它不做假設也不預設立場。

完形的哲學觀點強調當下經驗世界的重要，也就是說我個人獨特的體驗優先於任何想要歸類區分或做判斷的嘗試。就此意義上而言，現象乃是「**直接知覺到的物體**」（Onions, 1973: 1569），當它出現時，這種把全部注意力都放在現象（人、經驗或物件）上的現象學方法，亦可成為諮商策略中的選擇方法。Perls 視完形為一「**顯像**」治療法，他認為描述現象要比解釋現象來得更重要。

當事人得以透過這種過程來發掘他們**自我的意義**。例如：有一位案主，因為別人往往同時從他身上感受到「靠近點」及「走遠一點，我不信任你」的雙重人際訊息，這樣的情形令其深感困擾。後來在完形治療中，當臨床工作者終於注意到案主嘴巴一邊有缺陷時，他才感覺到如釋重負，並且願意告訴治療者這個傷口乃是以前被背叛所受的傷。

　　這種現象學導向的治療立場也意謂著需要有專注的技巧，體會在當下的情境中什麼是顯而易見的，而避免事先下評語或有任何預期。完形學者與現象學學者一致強調：只有與週遭世界（地方）發展有意義的關係，才能從中瞭解一個人；而且其經驗乃是代表身體存在於某一時間的參照架構當中。

　　最後，根據現象學的觀點，人們社會性的經驗與行為是人類存在的重要特徵，要想瞭解人類就不可能脫離人與人之間持續互動關係的情境，也不可能讓人們脫離與世界的交互關聯性。在一個受壓迫的系統下，沒有一個人是自由的。Sartre（1948）指出「我無法將自由當成我的目標，除非我也將他人的自由同樣地當成我的目標」（p. 52）。

摘要

　　Passons（1975）彙整出下列的假設，並運用於完形取向的諮商歷程中：

　　　*1.*個人是一個整體，它是（而非具有）身體、情緒、思想、感覺和知覺——這些功能是息息相關的。

　　　*2.*個人是所屬環境中的一部分，無法分割來加以探討、瞭解。

3.個人是前攝的（proactive）而非後攝的（reactive），個人有權決定其對外界的反應。

4.每個人有能力覺察自我的感覺、思想、情緒與知覺。

5.透過自我覺察，每個人有能力自我抉擇，也須對其抉擇負責。

6.每個人皆擁有潛能與資源，能夠有效地生活並滿足自我的需求。

7.個人唯有在當下才能體驗自我。

8.唯有透過當下的回憶與預期，個人才能體驗到過去與未來。

9.人的本質既非善也非惡。

總之，完形取向的諮商與心理治療就好像是一棵樹，心理分析論及特質分析論是它的樹根，現象學和存在主義如同是它的樹幹，它的樹枝部分是東方哲學和超個人心理學，至於密不可分的整體論和場地論就如同是這棵樹佇立在一片山水之間，而它的樹心部分便是對生命本質的欣賞：物理學或是自然界躍動的生命（參閱 C'arkson, 1991, 1997）。

在此，所謂躍動的生命（the élan vital，法國哲學家Bergson的用語），通常是指生命透過感覺、透過聆聽、透過搜尋以及透過描述而產生的一種能量，用以面對這個世界——世界中存在的狀態。現在這種生命的力量明顯地讓內心開始動起來——假設你有這樣的一個核心的話，而人格的核心正是以前被稱之為靈魂的東西：情緒、感覺和心靈。（Perls, 1969b: 63）

　　下一章將討論完形取向在諮商運用上的理論基礎與歷史背景，包括相關心理學和哲學方面的知識內容。

2 完形治療的基本原理

Tanzan 與 Ekido 是兩位禪宗的僧侶，他們在一個暴風雨中結伴旅行在泥濘的路上。在路途中遇見了一位身穿絲綢和服、年輕可愛的女子，正因無法穿越十字路口而感到困擾。於是 Tanzan 用手臂抱著她穿越泥濘到另一邊的路。過了幾個小時之後，Ekido 在他們落腳的廟宇裡質問 Tanzan 說：「我們出家人不是應該要避免女色嗎？你這樣抱著一個可愛的女子是不對的，為什麼你會這麼做呢？」Tanzan 回應說：「我早把那位女孩放下了，……怎麼你還一直惦念著她呢？」（Reps, 1971: 28）

治療關係

　　一些完形治療師曾經受過相當多的心理分析訓練，且具有心理分析的經驗，他們也把移情關係或諸如此類的治療關係原則作為活化和促進諮商歷程的一種方式。然而完形實務工作者也確信，諮商關係的首要價值乃在於兩個真實存在的個體，在治療過程的

對話中能夠冒險與會心（encounter）。整個治療的核心焦點即是當事人和治療師之間在每個當下（moment-by-moment）的歷程中所建立的關係。在此會心中，兩個人的共同目標便是達成一種完全且完整的真實相會。（這樣的會心過程自然包含每個人所會體驗到的存在感、分離和孤寂感。）發展真誠關係的**容量（capacity）**構成了治療過程的核心，這樣的關係就如同 Hycner（1985）所形容的**對話關係（dialogue relationship）**。

在治療工作中，當事人與治療師會經歷許多階段，隨著當事人獲取情感資源、安全感以及心靈自由的同時，他也會發現諮商師是一個「真實」存在的個體。諮商師不再被案主當作一個過去圖像的投射，案主也不再持續運用其過去慣用的模式。

Laura Perls 曾經提到「她深受 Martin Buber 的影響，也提到完形治療的基本精髓即在於治療師與案主之間所建立的關係」（Hycner, 1985: 27）。Martin Buber 將這種「我—你」（I-Thou）的關係形容為一種兩個獨特的個體，互相開放地尊重彼此，那是一種真誠的關係。Martin Buber（1958/1984）述及人們的關係態度有兩種基本形式，一種是「我—你」（I-Thou）關係，另一種是「我—它」（I-It）關係。「我—它」（I-It）的關係指的是我們只把對方視作一個客體（objects）。當女人或小孩只被視為一種可供做「使用」（use）的色情產物時，就是一個實際的例子。同樣地，這也可能發生在當事人或諮商師僅把對方視作一個投射的對象或分析的工具，而非視彼此為一個真實存在的人並給予尊重。完形治療師指出，打從第一次會心開始，當事人與治療師便經歷了許多真實人性的交心時刻。唯有在「此時此地」，完形工作所需要最豐富的拼圖碎片才會一一出現。從一開始，雙方便涉入互

相影響的關係，不僅當事人被治療師影響而有所改變，治療師也同樣地被當事人所影響而改變。總之，唯有在這種真實的關係之中，個體的獨特性才能真正地被瞭解。而在瞭解與接納對方的同時，有創造性的改變才會成為可能。每一個當下都可能重新再造（created anew）。

整體觀

完形治療法（Gestalt approach）的基礎主要在於強調諮商關係中個體的整體性，而非僅是內在心理歷程或是人際的層面。在諮商歷程中，不同的時間會強調個人不同的層面，這些可以包含人內在心理的（intrapsychic）、行為的、生理的、情感的、認知的以及精神上的種種層面。就基本原則而言，諮商師必須要能整合自己這些不同的面向。而幫助當事人去接納並頌揚自己具有多重面向的整體性，也是一個可能的治療目標。這不是光對案主施壓就能做到的，而是建基於人都有追求自身整體性、個體豐富性以及統整多樣性的信念上。

完形治療法基本上是符合現實且具統整性的一種治療，因為它兼顧了人類黑暗晦澀的部份，以及內心努力追求健康、快樂及自我實現的層面。它並不否認在個體與集體的層面上都存在著怨恨、忌妒與恐懼等非理性的成分。但完形學派便是在這個基礎上，試圖尋求實踐及讚頌富有變化的生命本質。有趣的是完形理論的創立者之一 Goodman〔《完形治療：人格的振奮與成長》一書的共同作者之一（Perls, 1951/1969）〕，其實是一個無政府主義者，

同時也是一位好質疑、提倡打破舊習陳規、具挑戰性格的人物。

完形取向的諮商主要植基於一個絕對不可分割的身體經驗、語言、思想及行為的整體觀（不論是否在個體的覺察範圍）。完形的核心在於鼓勵當事人儘可能完全且完整地做自己。當事人就是成為他或她自己。在完形治療過程中，諮商師與當事人的肢體語言表達與身體動作都會自然發生。完形不承認我正好「罹患」感冒或者氣喘病，或是我的不愉快「導致」氣喘，甚至是我的感冒「導致」我不愉快這些說詞。基本上，我的身體與心理都是一體相連的。這不是說我要去責怪我的癌症，而是要承擔這個責任。完形治療師認為個體包含了心理與肉體，因此強調人們在自己的治癒過程中，可以是負責和主動的。

> 如果冠狀動脈發生硬化，就會產生許多病癥，而在這些突顯的症狀之中，還包括激動或興奮（excitement）所導致焦慮的襲擊。在另一方面，心臟功能正常的人出現所謂的焦慮時，基本上被視為是心臟與呼吸器官功能的生理變化。如果焦慮沒有伴隨呼吸異常，就不會有脈搏加速或類似的症狀。
> 任何情緒狀態的發生，如生氣、悲傷、羞恥、或厭惡等，都是由其生理與心理因素造成的。（Perls, 1969a: 33）

對 Perls 及其他現代完形學者來說，身體與心理是等同的，亦即是一體兩面。完形的內涵超越身心二元論與線性的因果概念，這在諮商治療學派中是空前的，同時也對心身症的領域有巨大的貢獻。完形學派認為疾病就是身體器官的自然規律受到擾亂。

自我調節

　　完形學派認為人類天生或本身就有自我調節（self-regulation）的傾向。Perls 主張「我」（the self）是與當下接觸的基本功能，若就「我」的整體功能而言，將自我、本我與超我視為個體的三個分離的不同結構，是個錯誤的看法。他將我這個「自體」定義為對自己與其他之間界限的覺察系統，它同時還具有過程評量的功能。「我，存在於接觸界線的交替之中，每當接觸發生時總會有界限產生，那就是創造性的自體」（Perls et al., 1951/1969: 374）。它是自發性的，並以一種栩栩如生的體驗方式達成完形。Perls 還將之概念化為由行動和熱情所組成的背景，是潛能的實現。在這個創造層面上，人是「專注的自體」——能意識自我及其歷程，或者甚至不需在個體因應器官需求所產生的情緒、評價和整合的意識歷程下來進行。

　　為了發展與成長，人類努力維持一個追求滿足以及消除緊張的平衡。完形是一個植基於需求（need-based）的治療方法。完形強調人類的需求，它特別重視一直被其它心理治療學派所忽略的動機。它假設當人類的內心或所處的環境產生不平衡，這個不平衡的狀態就會在此人的經驗背景成為突顯的圖像。一個健康的人可以區別出有意義的需求，並且做出適當的回應，也因此能回到平衡的狀態、釋放新的能量，並允許下一個重要的需求（完形）浮出。

　　有效的自我調節端賴一個具有區辨性的感官覺察，它可以讓

個人懂得使用對他有幫助的事物（例如就食物、人們、或刺激而言），並拒絕那些無用的東西。透過運用攻擊（這是一個價值中立的完形術語，意指生命力），人可以為了要繁衍、成長或更好玩，而去破壞或解構食物、經驗與拼圖遊戲。我們將在第三章討論有關自我調節的歷程和循環。

由於瞭解到有機體具有自我調節的傾向，因此完形學者假設人們多少知道什麼對他們是有益的。已有一些研究證實，發育完全的嬰孩在有足夠的選擇情況下，都會自然地去選擇符合他們個體需求的東西（Cannon, 1932）。有機體的自我調節在未受干擾的情況下通常會趨向一個健康、平衡和自我實現的結果。而諮商的目標即是在重建這個自然和健康的功能。

從這個觀點看來，人們之所以尋求諮商，是因為他們健全的自我調節歷程受到干擾或扭曲。例如，原本只是孩童自嚴厲的父母處退縮的健康反應，長大後這段陰影卻在心中根深蒂固，而使他們成為社交害羞的人。此時有機體的目標便是使其在保有退縮能力的同時，能重建一個可以和友善之人接近的好方法。當然，能如此區辨是需要個體與當下的現實有接觸才可以做到的。

諮商師的態度

完形治療的實踐意謂著諮商師在與對方進行會心時，要能積極且真誠地運用他／她自己。那是一個實際存在與實踐，而非只是一些諮商的技術或規定的公式。完形的特色在於諮商師有意願在諮商關係中，做一個主動而專注的人和介入者。這乃是建立在

一個假設上，即唯有隨時待當事人為一個具有智慧、責任和隨時都有行動選擇能力的人，才最有可能激勵其成為自主、自我療癒及統整的人。

　　有研究證實學校的孩童與學生會因著教師對他們未說出口的期望，而有不同的反應（Rosenthal & Jacobson, 1968）。當教師認為學生是不聰明的，而且無法學習，不論其自身天賦的高低，學生都會表現較低的學業成就。而正向的期望則會引發正向的表現。這也許可以供治療師們學習：若預期會有抗拒，而且一直投注於現狀，那麼這些現象就越可能會一直發生。也許我們越對案主們抱著期望：他們會有正向的成長、也有冒險及承擔責任的意願，或許可以讓他們的自身能力逐漸在諮商過程與生命裡顯現。

　　完形治療很重視當事人與諮商師對實驗、創造性與冒險的承諾。當事人和諮商師同時致力於發展新的實驗，並創造出如何實踐、存在與行動表現的實驗。當事人在「實驗」過程中是一個行動的參與者，而諮商師，在理想上，是有意願且可以去參與一個完全無法預期結果為何的經歷。完形諮商過程的最佳成果是經歷生命可以如此充實且富有的存在。而這個可成就的理想的特色就是敏銳的感官覺察、充份的情感反應和有效的行動表現。曾經有個案主說：「我現在看到的色彩比以往更加鮮明，我以前竟然不知道世界是如此豐富。」另一位案主則表示：「我在大多數的時候不僅只是感到愉快，我同時還經歷到傷心及極為強烈的失落感，我還發現我有著數不清的，如急躁、煩惱與生氣等各種情緒變化。」

技術在完形治療的地位

　　完形治療的諮商可以將各式各樣且各具特色的技術包含在一個整合心理、身體、行動和省察等具有全貌性的架構裡。技術並非制式的，但我們的確鼓勵治療師能夠創造一些適當的「實驗」，加強人們對內在身心、對重要他人的真實接觸，以及對環境的衝擊關係的體驗。完形治療技術的豐富性會因諮商師或案主個人的想像能力、智能以及回應程度而有所變化。本書稍後會用案例說明達成完形目標的各種介入方法，這些方式會因為案主在諮商關係中不同的階段而會有再發現與再創造。一旦使用的方法脫離當事人和諮商師在諮商互動的每個當下，這些方法便不符常規，也非絕對正確或是有益的。這些例子乃是為了引導實務者進入他們自己的發現之旅，只是一種暫時性的成果分享，而不是絕對的。在不同階段的諮商過程中，假設呆板地使用一些技巧（只是為了本書的出版說明而選用的），便是與完形的精神相違背。除非是為了讓完形學派得以與其他治療方法作進行溝通比較，才必要冒著被誤解的危險。

　　有些諮商治療方法，特別是要求諮商師不要顯露出真實的人格，任何一種諸如此類的方式是被完形學派所厭惡的。完形的治療核心乃是在使兩個成長的關係人有所對話。而這需要諮商師有意識的覺察、自我認識、以及責任感。所以相對於治療關係，技術是次要的。根據 Resnick 的看法：

任何一個完形治療師可以隨時停止使用先前已經用過且
有效的完形治療技術。如果他們無法如此，那麼他們在
治療的第一步就已經不是完形治療了。他們只是玩弄一
堆把戲與花招的傢伙。（1984: 19）

　　治療關係中的實驗可以說是完形治療的特色。事實上，完形
學派一向被認為是允許有創意的（Zinker, 1978）。現今大多數的
完形治療都是尊重案主的完整性，這在過去只有少數人會如此做。
在實務工作中，完形對人最大的尊重是表現在兩個全人之間的關
係。現代的完形工作者大多採取一種對話的治療關係，而不是一
種侵犯與剝奪的關係。完形治療所強調的是一種包含多種可能的
開放性、彈性與結構，而這些乃是依治療過程中每個當下的需求
而定的。

心身整體（psychosomatic unity）

　　諮商會心並非僅是言說的，還牽涉到一個人持續與週遭環境
的各種互動方式。最明顯的就是「肢體語言」。比方說：透過刻
意地加強力度，Daisy 就發現她的「脖子酸痛」，其實是她對女兒
「脖子酸痛」所引發的生理表現；如果夠注意的話，案主原本無
意義的踢腳板反應，其實是對諮商師的點頭禮儀感到惱怒的表現。
　　在完形學派裡（對強調真實的觀察、描述及發現的現象學亦
然），這些行為模式通常不會被詮釋。案主透過各種充滿創意的
實驗方法來發現自己行為的意義。一個習慣走路垂頭喪氣的人，

即在重複上演過去那個失敗的小男孩，同時也反映出在其所處的
環境裡，他也是一個容易被打倒的傢伙。人們經常在環境中無意
識地透露出這些非言語的線索，並且提供一些深處傷痛的訊息。
那些強盜和到處混的流氓似乎最能覺察到這些非語言的線索，並
對人有所行動，結果深處的創傷不停反覆上演。只要他們能帶著
覺察融入其身體與生活的經驗，就有可能出現不同的選擇。

諮商師的條件

　　諮商師在他們邀請案主發展他們個人潛能的同時，本身也需
要有意願發展自己的潛能，他們絕對不能將自己隱藏在「專業的
面具」或者「客體的角色」之下。因為完形治療師也是人，也需
要真誠坦率。完形治療的精髓不只是個人的心理治療，也是一種
對生命的成長與人格發展的熱切承諾。完形不是一種只能用在諮
商情境的「技術」。諮商師的生活方式必須與完形的價值相呼應，
亦即要對存在的困境保持開放。興奮（excitement）是有正向價值
的，它被視為一種真實且豐富的體驗。對社會所加諸的限制適應
對成長是有害的（例如：在喪禮中要保持冷靜沈著），或者「對
現狀採取容忍」的心理也是違反治療而且令人窒息的。

尊重防衛機制的統整及對改變的挑戰

完形治療要求並催化能夠面對存在風險與失望的勇氣，同時也對人類的成長與發展抱持希望。所謂良好的完形諮商，指的是能善用過去的資源，來尋求出乎預期的以及新的出路。

> 人格的重組包括瞭解解構與統整的歷程，而兩者應該維持平衡，如此一來當事人有能力類化時，一些無關的物質才得以釋放；否則，他的社會功能或甚至生理功能會處於危險不安的狀態下。（Perls, 1979: 21）

諮商師提供個別的案主一個「安全出口」。提供太多的支持會剝奪案主從挫折中進行成長的機會。而太多的挑戰就會變成是一種侵犯與虐待。如果允許案主在治療過程中一再以慣有的模式而非真實的情感、體驗和行動，那終將是無益且有害的。然而，在任何時間對任何一位案主提出具刺激性的挑戰時，諮商師同時提供撫育性的支持，或是放任性的中立，都可以是一種選擇。

Dynah 是一位重視感官享樂、聰明的中年案主，她在穿著亮眼且色系鮮明的實驗中，顯示出她很想成為「一個多采多姿且有趣的人」。然而，之後 Dynah 回復保留了她在養育子女那幾年持家的特質——安慰人與照顧人的特質。

診斷在完形治療的地位

以往，完形治療法一直被認為是一種反診斷（anti-diagnosis）的治療方式，因為它認為每一個人都是獨特且完整的身心完形（body-mind Gestalt）。臨床診斷或精神病理學（psychopathology）機械式的標籤，呈現的只是個體內部固有本質的碎片而已，完形學者向來反對這種違反人性的看法。將人們標籤成具有「肛門固著性格」或是「躁鬱症」，就會看不到這可能是他們選擇在其過去的歷史脈絡下為自己的存在賦予意義的一種獨特方式。確認出人類行為的反覆模式（repeating-patterns）（不論片刻或長期）才是一種整體性的治療方式。

考慮到這種簡化論的危險，完形學者便致力於找出重複性的自我毀壞的行為模式。因此當一個人被說成是「習慣性的偏離（deflection）或是干擾親密的接觸」時，要注意的是，這只是一個行為上的描述，它可以隨時被修正，它絕不是一個把人分類的方法。從場地論的整體觀點看來，行為模式是與潛在會中斷接觸的模式共存的。近代的完形實務者重視、使用也教導診斷的概念（schemes），這些是以完形學派的論述及更多的傳統臨床診斷為基礎（Delisle, 1988; Resnick, 1984; Van Dusen, 1975a; Yontef, 1984, 1987; Zinker, 1978）。

此時此刻

　　過去完形治療也曾被誤以為是反歷史的治療法。早期的完形
學派所強調的「當下」互動，是針對消極的、不涉入的，亦即 Fritz
Perls 所反對的心理分析所產生的一種反動（pendulum reaction）。
「完形其實是試圖要把歷史或故事敘說轉變成一種尖銳的及表達
的行為。我們必須知道，我們在現在當下的參與必然包含著對過
去的種種記憶，而人們對這份過去要能鮮明地記憶著和深刻地感
覺著，才能深刻地帶進現在。」（Polster & Polster, 1977）

　　Yontef（1988）提出四個空間—時間區域（space-time zones）
來擴展完形的現象觀，這些都適用於長期諮商或短期諮商（short-
term counseling）或偶而用到的介入治療型態。

　　「此時此刻」（here-and-now）的時空區域指的是在任何特殊
時間點上整個個人所處環境，包括對未來的幻想和計劃，以及過
去的記憶與經驗，都會鮮明地重新活在「現在」。

　　個人的「生命空間」，構成了「彼地與此時」（there-and-
now）的區域，它包括個人現在的存在——他或她的真實生命——
在諮商關係之中以及之外。

　　第三，Yontef 定義「此地與彼時」（here-and-then）為治療的
脈絡，它特別指涉治療關係的核心、它的持續性與歷史性，同時
也包括其他會影響這個治療關係的脈絡——好比是轉介者。

　　第四個時空區域是「彼地與彼時」（there-and-then），是案主
的生命故事，如果沒有這個區塊，我們無法說明案主是如何隨著

時間而發展的。這是一個具有歷史背景並且隱含意義的地方,是
「先前每個實驗片刻的結果」。

　　大多數近代的完形學者承認來自歷程論(process theory)的事
實,即過去是存在於現在,這種時間的運作是無法分割的。根據
這個觀點基礎,本書的骨架便是由諮商歷程的發展階段所構成的。

責　任

　　完形治療法深信每一個人都要為其所經歷的生命負責。這意
味著個人在任何時刻都可以某種方式來選擇行動或不行動,因此
他們必須對所有自己的選擇負責。Victor Frankl 是一位猶太精神醫
師,他身經許多納粹集中營的生活而倖存下來,並且在當代成為
一位偉大的存在主義心理治療師。Frankl(1964/1969)的說法是,
即使我們不認為自己要對自己所處的環境負責(諸如德國集中營
之地),當我們選擇對當時的情境某一種應對的態度與行為時,
我們仍要對我們賦予生命何種意義負起責任。

　　Perls 將此態度推到極致,在他的完形祈禱文中寫道:

> 我做我的事,你做你的事。
>
> 我在這世界不是為了要實現你的期望而活,
>
> 而你在這世界也不是為了我的希望而存活。
>
> 你是你,我是我。
>
> 如果偶然地我們發現彼此,那很美好。
>
> 如果沒有,那也是沒辦法的事。　(Perls, 1969b: 4)

　　現代的完形心理治療與諮商已經不同於以往信奉 Perls 理論（Perlsian）的快樂主義者所主張的，只強調個體對自身的責任，卻反對承擔對他人的責任的一種過度反應（Dublin, 1977）。

　　現在有越來越多的哲學與生態學的事實說明，所謂對自我的責任其實應當包含對其他那些與我們共享世界的人的責任。從這點或其他角度看來，完形治療是一種真正的系統取向。完形是建立在一個事實之上：內容即存在於脈絡之中。因此沒有任何個體可以脫離他所屬的環境。某位案主最近說：「當我第一次前來諮商時，我為我自己覺得不像人（non-person）而苦惱、感到無力，也對無法改變我的生活而感到絕望。我無法理解為何有人會對非洲的犀牛瀕臨滅種而感到煩惱。但當我決定重申自我的力量、自主權，以及開始「擁有」自身的生命並承擔自己選擇的後果時，我開始感受到那些犀牛是**我的**犀牛，因為他們都代表了我與我所存在的這個世界的一種負責任的連結。」

完形取向在諮商領域的地位

　　完形的價值與實踐與其他「第三勢力」或是人本與存在治療法，如溝通分析（transactional analysis）或身心整合（psychosynthesis）是非常相容的。許多這類的訓練課程都將完形理論整合入他們的實務中，同時也從一些客座或專任教授的優秀完形訓練師身上學到東西。

　　Carl Rogers 是個人中心治療的創立者，他的工作啟發了許多英國的諮商課程。他是一個不同於 Fritz Perls 的人，但他們都相信

人們有趨向健康、及負起責任和自我實現的基本驅力。

　　短期心理治療的某些形式是基於心理分析的信條而來，像是聲稱由完形衍生出來的 Davanloo 便是一種成功結合完形的技巧（Conduit, 1987）。但若將完形技術與其他意識型態的治療法剪接混用，則必然會偏離真正的完形治療，因為真正的完形是價值、理論、實務和真實經驗四者合一的取向。

> 完形治療者並不使用技巧，他把自己應用在諮商情境之中，包括他自身所累積與整合的技術和生命經驗。有多少治療師以及有多少發現自我的案主，就有多少治療風格，而正是治療者和案主彼此或一起開創了這樣的治療關係。（Perls，引自 Smith, 1977: 223）

　　在任何諮商過程中完形治療聚焦於立即性、關係與實驗。它贊成且重視在治療會心中的創意、自發性及智能。完形治療和其他人本治療有一樣的貢獻，這些治療法都相信並認同人類的自我再生（self-regenerating）與自我治癒的能力；有些治療法強調每個人都有其自身的獨特性與責任，他或她可以在現在的時刻點上自由地創造未來，完形治療也與這些治療法相融。

　　有時完形學者會主張他們比起其他人是「更為純正的完形學者」，關於這點，我同意 Yontef（1980: 1）的意見。

　　有三個原則可以用來界定完形治療。任何一個以下列三點為依據的治療方法都與完形治療無異，不管其分類、技術或治療師的風格為何；同時不違反這三個原則的治療法也可以稱做完形治療。這三個原則的任何之一都包含其他兩者的內涵。

　　原則一：完形治療是現象學取向的，其唯一目標是覺察，且其方法也是覺察的方法。

　　原則二：完形治療是完全根基於對話式的存在主義，亦即我－你的接觸／消退（contact/withdrawal）過程。

　　原則三：完形治療的概念基礎或世界觀就是完形，也就是根基於整體論及場地論。

3 健全的完形循環圈在諮商歷程中的應用

禪宗大師問：「每個人都有其出生地（出身或起源），
你的出生地在哪裡？」
道友回答說：「我每天早上吃白稀粥，現在，我肚子又
餓了。」（Watts, 1962/1974: 125）

完形形成與毀壞的健全（healthy）循環圈

　　如同我們所見，完形不僅與病理學有關，同時完形治療的目標也是為了重建個體的成長、快樂及其貢獻，以臻於最完整的狀態。一個完整、不被打斷的經驗循環流程（從一種需求的產生至需求被滿足）就有如是健康的動物或自然天真的小孩與生俱來的狀態。那是一種生命活力的表現，也是實現自我的驅動力。就如上述禪門公案所提示：需求浮現，需求被滿足，新的需求又再度出現。一個主要的「圖像」自一個「背景」中浮現且要求注意，

當一個新產生的、令人注目的「圖像」出現時，原來的「圖像」即漸漸消失退回「背景」中。此種「圖像」與「背景」更替的流程就是人類經驗循環律動的自然法則。雖然，為了生存它可能會被暫時地抑止（就像靜止不動的反應），此種人類通性的經驗循環法則會在危險一旦解除時，立即重新產生。此種「本能的循環」（instinct cycle）（Perls, 1969a: 69）是完形理論與實務中的重要典範。Perls 將此「本能的循環」概念化為**自體本身**的活動，此一暫時性的過程歷經「前接觸，接觸中，最後接觸，後接觸」等四個階段。「現在是遠離過去並且同時向未來前進的通道。而前述四個階段則為個人與現實接觸時，自我本身行動的階段」（Perls et al., 1951/1969: 374）。

有機體的流動

　　「有機體」（organism）一詞在完形學派中的使用，與「客體關係」（object-relations）中「客體」（object）一詞的使用方式類似。完形學派選擇用「有機體」此一術語是因為它具有主體的、生氣蓬勃的、及生物的根源（本質）。「有機體是人類各種基本面向、組成要素，或器官功能運作成一個完整單位的總稱」（Van De Riet et al., 1980/1985: 36）。所謂有機體流動的完形概念，即是完形形成與毀壞輪流交替產生的完整循環。這種完整的循環就如同自然的呼吸型態，亦即吐氣與吸氣相互交替的狀態相同。每種生命形式就像是在某一個時間與空間點之下特定的完形發展。植物從生長、開花到結果的規律性循環，係受到時間的限制。的確，根據 Von Franz（1978: 32）的觀點，時間的意義係指成長的形態在時間中會以一種清楚的順序逐步發展。本書將此原理應用於諸

商歷程的順序中。個體的需求從浮現到被滿足的過程同樣也是以此種週期循環的，或是波浪狀的型態顯現。完形形成與毀壞的循環原理有各種不同的稱法，例如：覺察循環、本能循環、接觸─消退循環、或是經驗循環。相同的治療師可能會在不同的時間裡，依各種不同的目的而有不同的教導方式。不同的完形治療師當然對如何以及在何處，依此循環模式指出興趣的焦點而有各種不同的意見。運用一般理念作為個人擴展理解與整合各種不同學派的工具，以便增進對健康的、或功能失調之行為的理解，可能才是最重要的（Hall, 1977; Melnick & Nevis, 1986; Zinker, 1978）。諮商歷程同樣地也可以一種波浪狀的線圖呈現出來，以表示諮商歷程規則性循環的律動特質。本書係用此種循環來強調系統性循環週期、相互的關聯性與整體性。完形形成與毀壞的循環流程也有意被用來呼應許多傳統中對於時間週期性循環的原型理念，亦即宇宙的規律包含世界週期性的毀滅與重新創造。現代物理學揭櫫每個次原子的粒子不僅是會呈現出能量的舞蹈躍動，其本身更「是」一種能量的舞蹈躍動，亦即一種創造與毀滅不斷交替的律動過程（Capra, 1976/1978）。圖 3-1 所示即為七階段的完形循環圈模式，乃是以 Zinker 的整理與 Goodman 的大綱為基礎，所發展出來的（Perls et al., 1951/1969）。此七階段完形循環圈模式在訓練完形諮商師及心理治療師時非常有用，因為他們被鼓勵將此種完形治療模式與其他公式規則互相比較，並且發展出能夠引導他們在實際應用完形治療法時，屬於自己獨特的觀點。

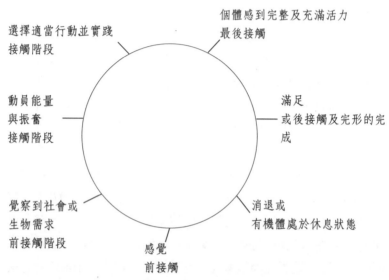

圖 3-1　完形形成與毀壞之循環圈

　　一個人坐在花園裏，正享受著漫長冬天過後的春日陽光，他的注意力被鳥鳴、水仙、和正在奮力啃咬骨頭的小狗所吸引。這些景像與聲音形成了他覺察界域中的前背景或圖像。逐漸地，當天氣開始變暖，他開始鬆開衣領。這在目前尚不是一個完整的圖像，因為他仍然將注意力集中在花園裡的景像與聲音。然後，當溫度升高時，一種新的圖像於焉產生，亦即使自己涼爽的需要。原先的前景（圖像）轉而成為背景，小狗不再吸引他的注意；他此刻關心的是如何讓自己的體溫維持在一個舒適的程度上。他可以走進陰影內、脫掉襯衫、或是進入涼爽的室內。他依據需求來選擇並且完成適當的行動的同時，便已為另一個新需求的出現作

鋪陳。以此方式呈現在我們眼前的是一個持續不斷的過程，也就是說，一個有機體的需求在藉由滿足或完形的完成後，又繼之產生另一個需求，另一個圖像於焉產生。

和物理學或天文學一樣，在心理學中較大的或宏觀的循環映照出較小的或微觀的循環。例如，原子內含著一種類似於太陽系的結構。較大的經驗單位映照出較小的經驗單位。當一個人不耐煩的持續嘆息時，反映出的是一個活在受挫而無耐的生命。以此種全像攝影術的方式來看，整體顯現在每個部份，而每個部份也像攝影般地一一顯示出整體。微觀的完形經驗循環（就好像是吸入與呼出的波浪狀）是一種自然的過程。視當時的任務而定，不論是正在跑步或是在鬆懈狀態，健康的有機體會調節呼吸以達到最大的效用。

較大的宏觀循環，例如：成人發展階段的發展順序可能須花上一生的時間。若自然的過程被允許達成其有機體的結果，則有機體可以用創意的與滿足的方式來處理較大的或較小的循環（亦即有機體會依其自然的需要，完成其完形）。

此種簡單但卻微妙的典範顯示健康的有機體的功能。任何在此循環中出現的干擾顯示有機體的「質變」，這將在下一個章節中作更完整的探討。由於健全的完形循環圈與諮商歷程相關，故本章節的重點集中在這一部分的探討。如果完形的流動不被中斷，完形循環圈會以一種規律性的，及實踐的方式持續進行，以符合個體不斷改變的需求。因此，每個新浮現的需求在引起注意時，即會轉變成為一個清楚的圖像，然後再度退回背景。此乃「有機體自我調節」的現象——換句話說，人類在健康存活的過程中，即依此種「圖像」與「背景」的原則調節身體的正常功能，諸如

呼吸、吃、性愛活動和排泄。此種循環或是波浪狀的律動週期，可以是一段很短的時間，也可以延展為一段很長的時期（季節更替）。

自由選擇的起始點

　　為了便於討論，本節所描述的週期性循環是從一個特定的起始點，亦即消退或休息狀態做開始。所有人類的週期性循環並非必然源自於此一特定的起始點。本能循環的模式純粹是一種為了強調經驗的統整性本質，而發展出的概念化工具。此一模式並不需要指出前因。完形是關於「如何」（how），而非「為什麼」（why）的學派。在其他地方對此循環模式的討論通常是從感覺（sensation）階段開始。

　　一個妻子不斷地嘮叨，當她的丈夫退縮時，她嘮叨得更厲害。這是因為妻子不斷地嘮叨「導致」丈夫的退縮，抑或是丈夫的退縮「導致」妻子不斷地嘮叨呢？從現象學的觀點來看這對夫妻此時此地的關係，他們兩人都必須對其持續產生不愉快的過程擔負起責任，但二者也都無「過錯」可言。恣意的歸類「前因」正好和完形治療法相反。完形治療師會不斷地視此對夫婦、以及視他們的關係領域為一個整體，在此整體系統中，每個人對另一個人的行為而言既是因也是果。

循環的階段

　　就理論與經驗而言，我們可以從不同的角度來看待完形循環圈。任何注意力的焦點所代表的只是一個持續存活系統的一個逗點，而非一個恆常不變的起始區塊。上圖 3-1（頁 46）即是代表許

多將此循環圈區分成不同階段之眾多觀點的一種。此循環的不同
階段在提醒我們注意完形形成與毀壞不斷更替的過程中，依序產
生的不同**焦點**。由於書寫文字具有靜態性質，因此看起來，在此
圖中似乎在每一個階段和另一個階段之間，存在著互不相連的、
清楚的界線。但事實上並非如此，此種誤解是因為企圖在一張技
術藍圖，或一則數學公式中，截取一段波浪曲線的本質所造成的。
真正的完形意義是當某個階段居於優勢而轉變為「圖像」時，其
他的便會退回成為背景。若將人類的規律循環區分成每個互不相
連的，且被局限於某個區塊中的階段，則將違反完形的真義。讀
者應隨時記住，每一個逐漸變成對方的階段，都是處在一個不斷
發展的形成中，而且他們發展、稍有區分，然後又混融在一起，
雖然很難精確且正確地預測其中的演變、更迭，但總是比對於在
何時播種才不會遭受霜凍的危險毫無概念來的好（即仍有循環更
迭的時序）。

消退

　　在本節中將討論的是此循環順序的第一個階段，即**消退或休
息狀態**。在此休息階段，個體在完形形成與毀壞之間取得平衡。
沒有任何一個清晰的圖像，有機體處在一個內在穩定或完美平衡
的狀態——既不是太熱，也不是太冷；個體既不是處於一種性興
奮的狀態中，也不是處於一種性冷感的狀態中；既不焦慮，也不
激動。這是個體在一個完形被滿足的完成之後進入一個冷靜的休
息階段，亦即有機體的沈靜。在此期間，還沒有任何一個強而有
力的前景圖像引起個體的覺察。「這種狀態對一個完整的、活生
生的個體而言，孕育著無限的發展潛能。『下一件可能發生的趣

事是什麼？』是此刻一個平靜的、有自信的、開放的、懸而不決的問題」（Hall, 1977: 53）。

感覺（sensation）

有機體（或個體）不可能無限期地停留在休息靜止的狀態。凡是有生命的個體便會自動地出現身體的不足，或過量的狀況。當個體必須努力滿足某種需求，或個體被要求時，會造成內部領域或外部領域的干擾，這些干擾會打斷個體與環境之間的內在平衡狀態。

某個圖像會逐漸或突然於此未作區分的環境背景中凸顯形成，而變成個人的圖像。例如：渴望喝一杯茶。Perls 等人（1951/1969）在其共同著作中即將此種感官知覺到的或本體內在感覺到的（proprioceptive）振奮，區分為下列四個等級：

1. 定期的刺激與慾望促使個體與環境接觸，例如：飢餓與情愛。

2. 某種定期發作的疼痛，例如：緊張性頭痛，在此狀況中所形成的接觸或是圖像，和身體內部有關。

3. 任何發展為慾望、情緒或痛苦的刺激，都會因個體外在環境中的事件而加速形成，例如：拒絕一通電話，或是來自一位朋友充滿愛的擁抱。

4. 有機體生理的重新調整發生於個體回應外在環境的改變，例如：溫度的變化、刺激的等級、噪音、或是一場地震！

Perls、Hefferline 和 Goodman 一致認為這些預示著即將展開的圖像與背景之形成過程的階段稱為「**前接觸**」（**fore-contacts**）。換句話說，在此階段中，來自於本體自身的原始感覺的訊息開始

顯現，但是尚未完全地進入有意義的覺察階段。

覺察

我們可能會逐漸地或是突然地覺察到任何入侵我們自由流動（free-floating）的意識，而造成引發身體感覺的事件。新產生的圖像在我們瞬間的經驗中轉變成為令人感興趣的焦點。此圖像越強越迫切（例如：一個火警警報），我們對此圖像的反應就會更清楚且更立即。在一場演講中想喝一杯水的渴望，可能需要花較長的時間才足以強而有力到變成為圖像，促使演講者注意到自己感到口渴（有機體的不平衡）。

「覺察是一種體驗（experiencing）的形式。這是一個人在個體／環境現象場中，帶著充滿感覺活動、情緒的、認知及能量的支持，和當下最重要事件做警覺性接觸的過程」（Yontef, 1979b: 29）。覺察過程具有一種意義製造的功能，亦即創造新的完形——個體對片段的自我認識或意識產生新的洞察，這就如同一個人第一次剝開橘子皮時，發現充滿水果香味的澄黃液汁一樣。

當某種情境喚醒個體對過去的覺察或對未來的預期，有效的覺察就會注意到這個情況（Simkin & Yontef, 1984: 290）。例如，一個成功地達到事業高峰的五十歲男人前來尋求諮商，他覺察到他和家人及朋友之間空虛的人際關係逐漸令他感到不滿。在此之前，追求物質世界的成功是他自我實現過程中的圖像或是主要的需求；而今，人際關係的品質對他來說變得更為重要。他覺察到現在這個新的需求急切要求注意，為了滿足未來，過去驅使他的事業野心現在退成背景。

動員能量（mobilisation）

在覺察需求之後通常是振奮及開始自我與資源能量的階段。在此情緒性和／或生理上的振奮狀態中，客體—圖像或需求會顯得更尖銳，更清晰，並會產生能量和對滿足需求的種種可能的影像。一個健康的人在此階段的呼吸是深且暢快的，其動力系統被活化為準備行動，其各種感官也對來自周遭環境的大量訊息呈現開放的狀態。

譬如，一個年輕的成年人來找諮商師作生涯諮商。Anne 在各方面是一位聰明、有天份的人。她對即將開始的學術生涯前背景感到興奮，但她仍希望透過諮商來幫助她在眾多令人興奮的選擇中，作出最佳的抉擇。在諮商歷程中，去探討何種研究領域能在長時間的壓力下，好比三年或五年的修業時間，仍能讓當事人堅持下去是很重要的。Perls 等人（1951/1969）將此健全完形循環圈的階段比擬為**接觸**的振奮與動員能量階段。

行動（action）

接觸（或圖像形成）過程中的另一個重點即是選擇並執行適當**行動**的「**接觸**」階段（Perls et al., 1951/1969）。它包括有機體知覺、行為及情緒的活動。當事人選擇並拒絕可能性。個體積極尋求各種可能性，企圖克服障礙，並且實驗各種不同的適當活動。此時的行為乃是為了滿足個體在當下的現狀中的需求。一個失業的三十歲男人為了求職，撰寫了無數的求職申請書，他定期地調查職業中心公佈的就業機會，並且參與志工服務工作以使自己能隨時保持機敏，同時藉由志工服務展現自己持續具有就業經驗及

對再度就業的興趣。

最後接觸（final contact）

個體依據現實中或想像中對各種可能性付出相當的考慮，而採取並執行適當的行動；在個體採取行動後繼之而產生的則是個體與環境做完全的、有活力的接觸，此階段即是 Goodman（Perls et al., 1951/1969: 403）所謂的「最後接觸」。

人類的感覺功能與機動性功能（看、聽、感覺、移動、碰觸）在接觸一旦發生時，即會發揮最大的潛能。在完形治療中有一個很重要的概念是，整體並不僅僅是其部份相加的總和。接觸大於所有這些潛在功能的相加總和。看與聽並不等於保證個體與外在產生良好的接觸；良好的接觸乃取決於個體如何看與聽。個體接觸的對象，包括物體、自然界的種種、動物或人、回憶、想像，或是自己本身。接觸的品質會使個體經驗的程度有所不同，就好比一個經驗到的是太陽正在下沉，另一個是炫麗耀眼的火紅夕陽，二者之間有明顯的不同。

接觸發生於個體自身與環境相接的界限（**boundary**），這是人類與外在世界之間最深刻的互動行為。接觸就是個體集中的注意力在經過一段時間後，與專注的焦點變得不可分離。它如同性愛過程中令雙方歡愉、令彼此交融的高潮時刻；或是聆聽一首扣人心弦的樂曲時，沿著背脊油然而生的顫動。接觸是在所有疑難雜症即將豁然前一刻那種全然的投入作用。打呵欠、把貓咪放出去，或是爭辯等行為亦然。接觸的品質決定生命是否就此虛度，或是充分、完整。有個當事人在經過喪親之痛後，仍能過著多年泰然處之的生活，在完形治療過程中，當事人的淚水決堤，終於

傾洩而出,他一面喘息,一面啜泣哽咽地說:「我感覺自己正受到傷害,我正在哭泣,我感覺到自己是完整的!」

這就是完形治療的目的——並非去改變既存的事實或企圖使其與事實有所差異,而是幫助個體經驗與重建其天生情感的表達、行動力、以及經驗每個當下的生動,無論這些經驗是屬於外爆期(explosion)或平靜期(quietude)。

> 再者,接觸促使個體與無生命的,或有生命的物體達成互動。看一顆樹或看夕陽,或聆聽瀑布聲或是聆聽洞穴的寂靜,就是一種接觸。個體也可以和回憶或影像接觸,在接觸的過程中它們會變得更加鮮明、完整。……接觸是一種動力關係,僅發生在二個引人注目,卻又明顯不同的圖像之間的界限。差異性可以區分一個有機體和另一有機體之間的不同;或是可以區分有機體和其環境中一些新奇的、無生命的物體間的差異,或是可加以區分有機體與其自身某些新奇的特質之間的差異。(Polster and Polster, 1974: 102-8)

良好的接觸是完形治療的核心概念。就知覺而言,良好的接觸等於是注意力清晰鮮活地集中於個人情境中最重要的面向,至於無關的、或屬於背景的刺激因素並不會分散全然的注意力,也不會影響互動的品質。以聽覺為例,一個人在一場擁擠的派對中,即使是身旁近處充斥著大聲的對話及震耳欲聾的音樂,他仍然可以清楚地聽見同伴的對話。再舉視覺為例,在人潮擁擠的機場裡,當情人的圖像自背景中出現時,此時其他人群則會變得模糊不清,

退至背景中。完全地品嚐一杯酒或體驗一段友誼，和上述這些例子類似。二者的喜悅幾乎可以是完整的，以致於在某種程度上，毫無關聯的影響力會被隔離或被驅逐回背景中。在短暫的片刻中，或一段更久的期間內，清楚鮮活的圖像即成為存在中唯一的完形，使此時此刻充滿了豐富感與清晰度，這是個體在採取一個統整的行動中，一種極度自發的及統整的知覺、動作與情緒，不論那是性高潮，或是刻骨銘心的失落。

　　這種完全且最終的接觸標示出一個特定完形的完成。個體在瞬間中完全地參與他所創造的或發現的圖像。完整接觸的特色即是在某個片刻中個體全心全力地投入在最有意義的事物上。和其他人類接觸　（以及與他人分離）是人類的基本需求。接觸是我們最歡樂與最痛苦時刻的泉源。「接觸毫無疑問地與維持現狀不變是互不相容的。透過接觸，即使一個人未曾嘗試改變，改變便自然而然地發生了」（Polster & Polster, 1974: 101）。矛盾的是，真正的接觸又是通往改變的途徑。完形循環圈持續運行著。

滿足

　　Perls等人（1951/1969）將下一個階段稱為**後接觸（post-contact）**。在本質上，後接觸階段意指個體的需求被滿足及完形的完成。這個階段個體歷經了深刻的有機體滿足階段，就好比完全且完整地享受一次性愛，或經驗了一種創造力的表達後所留下的愉快回憶。一個母親和一個正舒服地偎依在她懷裏的新生嬰兒，在此瞬間的圖像被捕捉之前，新生嬰兒曾是這位母親身體的一部份。後接觸階段是暴風雨後的寧靜；是抽離前最珍貴的時刻，也是消退的開始。當個體在諮商過程中，爽快地吐露出那些曾經不為他

所接受的人事物，或是他曾經懷抱的期望或情感等等，就是處於所謂的消化（digestion）或類化（assimilation）的過程，繼之而來的便是解構與吸收的活動。

理論上在探討健全循環圈時，後接觸或滿足階段經常被省略不談。這或許是人類經驗的終結階段有時並不被重視的反映。無論如何，我們都知道，唯有在我們完全瞭解我們所留下的是什麼時，說再見才變得真正有意義。多數人通常在事件尚未發生前，便一直在擔憂；反而較少去慶祝那些過去早已發生的事件。或許這是因為在一個男性文化中，此循環中初期衝刺部份和後期原型女性化的階段相比，其價值是被超估的。然而，這種逐漸類化、「沉靜」（coming down）、以及所品嚐的經驗，逐漸從焦點中模糊，以致於消退進入背景的階段，可以說是人類強烈歡樂或深度學習的來源。

> 當人們忙於應付複雜的日常需求時，每分每秒的轉移很容易使人們自其中脫逃。然而，由於萬物並非恆靜，除非是在我們的想像中。我們全都生活在此刻與下一刻之間的轉變點上。唯有經由這種變遷，人類才可以充滿活力，並且促使生命豐富。完形治療師和小說家一樣，也專注於認識此種必然會發生的變遷，即使其病人還未覺察到改變。（Polster, 1987: 67）

消退

緊接在後接觸階段之後的是**消退**階段，亦即個體的需求消退

於虛無，而新的需求再度自此中浮現。自我調節的循環重新從人類經驗到的「空虛失落」開始，這是在消退之後、感覺之前的中立轉換區。外部領域的循環和內部領域的循環並無差別，此原理適用於更敏銳微妙的功能，例如：生理上接觸的需求，或是渴望獲得同儕尊重的需求，抑或是藝術家的自我情感表達的需求，就有如生物對食物、氧氣及排泄的本能需求一樣。

健全完形循環圈於諮商歷程階段的應用

感覺

　　人們覺察到對心理諮商的渴求，通常是因為外部領域或內部領域的干擾，影響到他們生活的平衡狀態。青春期的荷爾蒙失調經常伴隨著情緒的爆發，促使這些青少年以及他們的家人尋求諮商的協助。社會經濟體系的改變（有機體—環境場域）也可能會打亂現狀。英國礦工的罷工曾迫使許多家庭重新評估他們的角色、信仰與政治忠誠度。

　　通常個體需求未獲得滿足時，最先顯現在生理感覺的反應，例如：經常性的胸悶，或是持續的感冒，或是令人痛不欲生的頭疼，或是呼吸不順暢。

　　Frances是個逐漸老去的五十歲母親，她前來尋求諮商。Frances順從地遵循自孩提時期即培養成的戒律，並且認同五〇年代性別刻板化的模式。她的老三最近離家上大學，因此她目前正經歷了失落與悲傷的感覺，因為她需要重新評估「空巢」後她的生活

意義。直到她來尋求諮商之前，Frances 從未覺得她的人生會有需要尋求諮商的時候，但是現在，因為她的生活在社會、心理及智能方面均產生改變，這使她感到迷惘、困惑。她的丈夫表現出對性愛提不起興趣，而且寧願多花些時間坐在電視機前面；而 Frances 卻在此時覺察到，她現在比過去幾年來對性愛還更感興趣。

覺察

她對自我和情緒需求的新覺察是促使她尋求諮商的動機。她明顯注意到自己需要和別人談談她生活中的一些改變。這使她更會留意雜誌中探討個人問題的文章。她發現自己會去聆聽電台的叩應節目，也發現她有幾位朋友在過去曾經尋求諮商，而現在她也會去徵詢她們受諮商的經驗。

動員能量

在動員能量階段，當她內在所產生的需求達到一定的張力程度時，會變得很有動力與能量。在她體驗到一種普遍的覺醒時，她的自主神經系統便隨之改變，彰顯出她的興奮感。她動員自己本身及環境中所有相關的資源，包括評估諮商可能所需的花費。她願意在接受諮商的過程中，開放自己的情緒和心智。Frances 現在開始打電話給諮商師，這位諮商師是她最信任的朋友所推薦的。幾天之後，她首次和諮商師會面。當她進到諮商室時，她經驗到自己的心跳加速、呼吸急促等生理改變，以及即將面臨一個新奇的情境所產生的興奮。她承認這種感覺和焦慮有些相似，但是，她知道投入這個探索性的接觸，並不存在真正的危險。所以她期待一次有益的會談，也相信即使諮商並不一定每次都是令人愉快

的過程，但是她已準備好從這個會心的過程中學習。

行動

　　這是Frances開始採取行動的階段。帶著要滿足心中需要的目標，她組織其知覺、情緒、及行為上的活動，開始選擇並執行適當的行動。她曾經視這個實現自我及潛能的慾望為超越社會所規定的角色。在諮商關係的第一個階段中，她大部份的情緒及精神的能量乃集中在與她的諮商師形成工作聯盟。她詢問諮商師所接受過的訓練、他的督導及對保密的態度。在她運用自己的判斷及直覺來瞭解諮商師這個人後，她決定信賴諮商師，並且願意向諮商師表露她自己——即使是那些她一直避之不談的部份。在諮商過程中，她可以表達教育系統強加在她身上的限制與約束，以及對那位從不看重她理工方面潛能的男性老師表達憤怒。

　　在諮商關係中，她可以實驗及探索自己的需求；她被鼓勵把自我從社會和家庭加諸在她為人母和妻子角色的種種期待中分開。她開始以高度敏銳的覺察發展出一種獨立個體的自我感，並且對自身生理及心理過程的經驗發展出一種細膩的敏感度。她全心參與一些實驗與架構，藉此幫助她思考那些自小便「全盤吞嚥」下有關女孩的訊息和自我的定義。她開始決定哪些要繼續保留著，哪些是她必須重新咀嚼、品嚐與消化。

　　Frances實驗各種不同的選擇，以使自己在生命中獲得自我實現，例如：開始承包外食生意、或是體驗一次婚外情、上大學研習化學工程。她寫下夢幻日記，花時間從事陶藝，作為表達自我的媒介；並且找尋那些在中年期改變其生涯與角色的婦女典範。

最後接觸

諮商過程中的接觸涉及了儘可能對問題的各個層面有全面且完整的覺察。唯有打破諮商過程中的「膠著點」或僵局（impasse），當事人才可能舒坦地重新開始成長之旅。這通常是伴隨著個體重新擁有所有的情緒反應——例如：憤怒、恐懼、悲傷與歡樂。

在接納與展開諮商關係當中，Frances 開始接觸其生命中所累積的創傷與失望，並且促使她能運用所有的智慧、行為及心理等各方面的資源來面對問題。

在這個階段，Frances 解決了她想要做的事以及她曾經認為「應該」做的事之間的衝突，亦即究竟是去做可發揮她所有潛能的事，還是應該讓自己舒適地過著中年，在家含貽弄孫的生活。

這段真實的接觸是諮商過程的高峰，通常經驗到的是一種「轉形」（metanonia）（一種轉折）（Burchfield, 1976: 911）。在歷經這個階段後，當事人便無法想像再重回到以前的生活方式。Frances 的家庭成員也會因她的改變而受到影響。她的丈夫和小孩從剛開始的懷疑與不安，進而開始重視與強化她的成長能力及對她重新發現自我的信心。她的丈夫也因此被激起極大的好奇心與興奮，而且願意冒險嘗試新的性愛生活。她的女兒們則為失去舊時那位「安全可靠的老媽」感到惋惜。但是，當她們參加母親的大學畢業典禮時，卻又感到無比的驕傲。

滿足

滿足階段代表當事人在諮商歷程中所獲得的享受及個體的統

整性。諮商會談時不再充滿衝突與矛盾的情緒，而是一種達成任務的清澈感（clear sense）。Frances不再感到挫折，她克服了以往那些考驗其智力及校園社交技巧的恐懼經驗。她有時候會回顧自己以前的生活，羨慕當時的單純生活，那時的她尚未覺察到須對自己負起責任。然而，她更喜歡現在的生活，這種獲得充實感的生活是來自其願意自我發展及實現自我的承諾。至此諮商關係變得越來越不重要，諮商室成為她與諮商師分享自我覺察及慶祝成功實現自我的空間。

消退

　　健全循環圈的最後一個階段是當事人開始準備自諮商關係中分離。當事人從諮商師身上學習到許多增進自我覺察的方法和更有效的問題解決技巧，而且不再需要任何引導，自己也能運用這些技巧與方法。

　　Frances向諮商師作深情的告別。她為這個曾經帶給她新奇且重要的接觸而今即將終結的諮商感到悲傷。然而，對於自己未來不再需要諮商師的協助即能持續自我成長的願景，她也感到振奮與快樂。她逐漸為自己建立一些支持組織，例如一個她會定期參加的職業婦女團體。而她的丈夫既是伴侶更是她的朋友。如今豐富與充滿挑戰的新生活成為她的圖像，而諮商經驗則消退成為背景。

大完形蘊育小完形

　　本章已對完形諮商歷程中的健全循環圈加以說明。這個循環
歷程可能歷時數星期或數年不等。由於循環的本質是持續跨越情
境（situation）與時間，它也可能發生在單次的會談之中。在大多
數的諮商晤談歷程中，諮商會促使當事人從自我覺察其迫切的需
求，乃至動員其能量來面對需求，以致促使當事人組織其知覺、
情緒及生理等層次的活動，使其自我能充分地表達情感或會心。
一個健全循環的完成即在於當個體的需求獲得滿足，並且個體樂
於面對下一個可能浮現的重要議題。

　　本章已針對諮商歷程的理想結果有所說明。理想的諮商結果
是當事人與諮商師之間有效地互動、諮商過程幾無中斷、有規律
地分階段進行完形的形成與完形的實現。當然，這在現實生活中
並不容易，因為錯誤的起始點、不順利的進展、退化及無律動的
停滯狀態都可能發生。下一章將說明許多干擾完形循環圈之順暢
及和諧功能的各種情況。

4 完形循環圈的失功能 與干擾

和尚問：「您是否在追求真理的路上一直努力地修養、
自律？」

禪宗大師答：「是的，當我肚子餓時，我就吃東西；當
我累了，我就去睡覺。」

和尚問：「每個人不都是如此？」

禪宗大師答：「不。」

和尚問：「為什麼不是呢？」

禪宗大師答：「因為當他們在吃東西時，他們並不是在
吃，而是正想著許多其它的事，他們讓自己受到干
擾。」（Suzuki, 1949）

　　本章從整體全面的角度對干擾產生疾病的起源、心理機制與
階段做一介紹，並接著再討論此一流程中特定的要素。請謹記，
真正的完形精神是：生命的整體始終大於其各被分析之部份所相
加的總和。任何討論只是一個正在不斷進行與演繹過程之暫時性
的橫切面。

擾亂─安適（dis-ease）的概念

完形理論的基本概念之一是人基本上是健全的，並且隨時都處在努力獲得平衡、健康與成長的狀態。因此，任何推測人類在本質上即有缺陷瑕疵的治療法與完形治療是互不相容的。Perls 將其理論聚焦於一個事實，亦即植物與動物不會妨礙自己的生長，唯有人類會如此。雖然 Perls 使用「精神官能症」（neurosis）一詞來解釋人類此種阻礙自身成長的行為，但事實上他在其著作中認為「應稱之為**成長違常（growth disorder）**」（1969b: 28）。

對完形學者而言，個體具有健康的及自我調節的本質是完形理論的指導理念。完形治療的任務即在於幫助個體去除影響其實現自我過程的各種障礙、阻礙物與干擾物。對大多數人而言，疾病隱含的意義是在生病時接受醫藥專家或心理專家的諮詢。完形學者通常較喜歡使用「擾亂─安適」（dis-ease）一詞，（而非疾病），來形容個體功能無法全然發揮的狀態，以及強調非處於自在狀態或非處於和諧狀態的過程。「由於行動、接觸、選擇與真實性是完形治療健康的特徵，因此經常伴隨著焦慮而出現的停滯、抗拒、僵硬與抑制等狀態即為所謂的「擾亂─安適」（Van de Riet et al., 1980/1985: 60）。當人們處於「擾亂─安適」的狀態時，他們所經驗的並不是完整的個體與外在環境所建立的良好心理與生理上的關係。事實上，他們無法從容自在且有效率地經歷其覺察循環。

從微觀的層次上來看，固著的心身壓抑會干擾呼吸狀態的自

然流程（例如：胸部誇張地膨脹而無法完全地吐氣）。任何心身
抑制會阻礙個體有效地運用其天生的能力來支持其完成選擇的目
標。同樣地，個體無法拋棄舊習以及在心理層面上放下過時的認
同，就會干擾個體獲得新經驗。當完形之形成一毀壞一再形成的
過程受到干擾時，個體即出現不健康的狀況。有些完形學者認為
完形流程的被干擾乃是出現在每個不同的循環階段之間，例如：
在感覺與覺察階段之間，或是在覺察與動員能量階段之間等等
（Zinker, 1978）。本書所使用的完形治療法則是植基於Perls等人
（1951/1969）的理念，亦即大部份的完形過程干擾係發生在本能
循環的對應階段上或該階段期間。（不同的取向可以是富有成效
的，因為干擾可以被認為發生於每個階段與每個階段之間，或每
個階段期間，抑或是環繞於階段周圍之處。當然，依據這些概念
來呈現人類經驗均只是片面的觀點，所以任何方法都不是「真實
的」。）完形覺察循環本身始終是健康的，因為覺察循環係植基
於經驗循環，或是個體需求獲得滿足有其自然的先後順序。個體
在原始的需求被拒絕或老是被取代到某個程度時，真正的滿足就
不可能產生，而完形循環圈在本質上也就無法完成，個體便會處
於一種擾亂一安適的狀態。

「未竟事務」或固著的完形

未竟事務

　　「未竟事務」概念是完形治療法的中心思想，用來解釋人的能量如何「被中斷」（blocked）或「被阻撓」（interrupted）。「完形的」形成——亦即統整性、完全性，以及有機體單位的形成是唯一持續不斷進行的流程。每一種強烈慾望或迫切需求的產生會驅使我們去做某些事情，以便完成有機體的循環。當我們採取行動來滿足需求時，即達成有機體循環的目的。一種需求的浮現也許和此時此刻的真實性有關，例如：上洗手間；它也可能和過去某些未完成的事有關，因而促使個體在現在不斷尋求該需求的完成，例如：尋求父親或母親的認可。

> 這個情況現在已經結束，而下一個未完成的情況則取代上一個情況。這意味著我們的生命其實在基本上是沒什麼特殊之處，只不過是由一連串無數的未解決情況—未完成的完形所構成。當我們才剛剛解決一個情況時，就必須立刻面臨另一個情況。（Perls, 1969b: 15）

　　當人們在覺察循環中無法容易且自然地滿足其需求，就會形成未竟事務。有些發生於童年時的片段經歷，或某些重要的早期需求迄今仍未曾獲得滿足，而個體在當時並未以對他或她在心理

和生理而言是恰當的方式來完成覺察循環時，即成未竟事務。例如：當一個小孩子心愛的寵物死去時，卻不准他傷心（或哭泣），此種壓抑會導致小孩長大成人後，拒絕對新的愛戀事物付出感情，因為他在童年時最初經驗的悲傷，不被允許以一種對動物和人類而言是健康、和諧的方式來充份地表達出來。

　　相同地，苦痛、怨恨，或是對他人的怒氣等經驗，都需要靠堅持的行動來解決（吸氣即為一種隱喻），或是接受放下讓自己釋懷（吐氣即為一種隱喻）。若這些情緒未獲得適當的解決，則個體的經驗即是不完整的，或是未完成的；而個體可用的能量和精神資源被放（抑制）在「未完成的情況」上。個體心理上未完成的完形會顯現在其生理的層面，一個人頹喪的畏縮姿態；或習慣性的「挺胸」、抑制呼吸，會令人感到具威脅性的敵意。未竟事務也許是過去未獲得滿足的某些人際關係，例如：想要抗議父母的冷酷而未果；未竟事務也可能是對自我的潛能未獲得充份發揮而感到懊悔。

　　個體心理上的能量被束縛或被抑制在覺察能力之外。此種壓抑會使個體原本在此時此刻可以是完整的心理與生理回應、經驗生命豐富感的可用資源，逐漸地枯竭。對弟弟懷著競爭對抗的情感，卻不被允許作出任何相關的表達（「你當然一定是愛你弟弟的」），則此種未曾表達的情感也許會在成年時，在右肩處以慢性背痛的方式呈現。經由將其未表達出的情感固定於背部肌肉，取代了童年時最初產生的抗議需求。個體未獲得滿足的需求以此種方式遠離了原先欲實現的目標，個體既未獲得釋放，也未能完全地忍受。從物理學及心理學的角度來看，未完成的情況持續地「強迫要結束」，因為此原先的狀況未被滿意地達成，而個體也

無法全然享受目前親屬關係中每個當下潛在的滿足感,縱使目前
的親屬關係並不像童年時期般充滿敵對感。當然,成人病理徵狀
並非總是導因於某單一事件,而是發展自許多變數所交織的整體
狀況,包含個體目前的生活情況。

完成的強烈慾求

　　未竟事務代表一個未完成的完形。不過,達成整體是人類天
性的基本實質,亦即人類確實會達成其整體性,縱使是以一種扭
曲變形的、偏差的或病態的方式。例如,健康的完形覺察循環中,
嬰兒在體驗飢餓的需求時,會動員其能量並且用大聲哭喊的行動
來要求照顧者餵奶。在此適當的行動與外在環境取得完全及良好
的接觸時(照顧者開始餵奶),嬰兒的需求獲得滿足,飢餓的肚
子也填飽了。從嬰兒張嘴吸奶時的動作及顯現於臉上的滿足表情,
即可得知嬰兒正經驗著需求的滿足。然後,另一種新的需求會繼
之而生。或許是嬰兒需要睡眠,或是需要摟抱,抑或需要被鼓勵。
不論嬰兒的需求是什麼,新需求在覺察循環中被徹底執行及滿足
地完成,而另一個新的需求會繼之浮現。

　　當每個新產生的需求都獲得適當地滿足時,健康的有機體會
不斷地以此方式重複循環。有待被滿足的基本需求包羅萬象,從
此生中必須完成一首交響曲創作的複雜需求,乃至簡單的日常生
活中定期性的衛生或排泄的需求等等。健康的嬰兒會在此時趨向
於逐漸增強其要求,他們會聲嘶力竭地尖聲喊叫,越哭越大聲,
直到獲得照顧者的回應為止。這是嬰兒擔負滿足自己需求之責任
的方法,亦即讓外界知道他們的存在。在不幸的狀況下即使嬰兒
大聲哭喊,照顧者仍然未適當地回應以滿足嬰兒飢餓的需求,於

是，嬰兒自此開始閉口不出聲。這是嬰兒開始「放棄」的時候
（Bowlby, 1953），完形以一種病態的形式呈現固著的現象。

　　此時期的壓抑，嬰兒強烈且原始的感覺會受到抑制，乃是為
了求生存。此種壓抑會伴隨著生理上的改變，亦即身體呈現出制
止忍耐的模式，例如：緊緊地咬著下顎。由於人類天生追求完成
的趨向，諮商師發現嬰兒與孩童會對其早期所遭受過的創傷，或
長期的剝奪作某種認知上的封閉。許多人在還是兒童的時候便會
找出或作出各種解釋，來說明他們希望被瞭解或需要滋養等原始
需求為何未能獲得滿足。但是這些解釋往往是不正確的，因為這
乃是運思前期的思考產物，亦即是缺乏邏輯，經常帶有一些神奇、
象徵色彩的想法。在那個時候個體最多也只能如此完成以便能繼
續，直到下一個需求的浮現。

　　當母親明白表現出不喜歡碰觸嬰兒的身體，而且厭惡應付嬰
兒身體運作的天生需求時，嬰兒也許會因此經驗到一種基本的無
價值感。嬰兒也許會以一種非常原始的先驗邏輯感來尋求原因。
他或許會覺得母親的態度是由於他做錯某些事。他或許在稍長後
會偶然聽到有關他曾經害母親差點難產而死等等之類的話，因而
造成幼兒有錯誤或不好的感覺，這會在未來被個體納入對自我的
圖像框架內。當此種情感上的封閉與認知和生理上的封閉連結在
一起時，就會成為一個固著的完形——一種重複與預期的行為模
式，來處理他與外界環境及其他人的關係。每當個體企圖滿足其
原始需求，但卻不斷地失敗，這乃是他過去最原始的失敗經驗使
然。這種反覆的強迫行為乃是源自於一個必須被完成的失敗經驗。

完形循環流動的失功能

　　根據完形理論，有許多我們自過去未完成情況中持續維持下來的心理機轉過程，會使我們無法享有需求的實現，並且阻礙我們與自身、其他人及環境作良好的接觸。這些心理機制有時被稱之為**界限干擾**（**boundary disturbances**），因為它們可被視為是引起性格成長停滯的情結，此種情結會妨礙具有創造力的自體，在個體與環境的界限上健康地發揮功能。在完形理論中，這類心理機制被視為有機體自我調節的行動，而且包括有機體自我防衛的功能在內。在此必須強調的是一種過程導向，它是以有機體與外在環境作動力性的互動為基礎，因為如此才會提昇有機體改變的可能性。任何所有在此被討論的界限干擾，也許會特別妨礙覺察循環的最後接觸階段。不論如何，所有這些干擾可能會遍及**整體完形過程中**的任一個或所有的階段。

　　Perls（Perls et al., 1951/1969）特別強調幾個非常普遍的干擾接觸的方式，亦即融合（confluence）、內攝（introjection）、投射（projection）、迴射（retroflection）；Goodman（Perls et al., 1951/1969）則提出自我中心主義（egotism）；Polsters（Polsters & Polsters, 1974）增加了偏離（deflection）的說法。「低敏感」（de-sensitisation）一詞偶爾會被提及（Perls, 1969b）。其他的作者曾以各種不同的組合方式作實驗，但是為了達到本書作為完形治療導論的目的，將在本章節中討論此七種主要的心理機制。

　　值得注意的是，一些具代表性的完形學者，諸如 Perls

（1969b）、Polster 和 Polster（1974）、及 Melnick 與 Nevis（1986），他們均認為成人在某些情況下會自動地選擇以及有意地使用任何一種抗拒接觸的干擾，這乃是一種健康的選擇，而且也是為了幫助個體。當我們認為這些干擾對不同的個體，在不同的時間點上或許會是長期或短期病態時，這一點必須被列入考慮。

根據Perls等人的看法（1951/1969），這些心理機制只在被長期且不當地使用時，才算是神經官能症。只要是真誠地且是出於意志地，而非受迫，暫時選擇這些機制以因應特殊的狀況，那麼這些就是有用而且是健康的。然而，當這些心理機制固著於某些不可能或非存在的客體事物上時，或是這些心理機制缺乏覺察，抑或是它們阻止了個體對其需求與經驗做有意義的統整時，那就是不健康的。

每一種神經官能症的心理機制都與其他的心理機制互相連結，而且它們在功能上是相互關聯的。例如，內攝與融合對產生投射或迴射是必需的。在考量這些干擾的心理機制時，不應從患有神經官能症者的角度出發，而是必須依據一種調查單一神經症行為結構的方法。

> 這從表面來看即是顯而易見的，因為每個神經質的心理機制乃是一種固著，而每個心理機制均包含融合，即某些事件未被覺察。同樣地，每種行為會落入某些錯誤的認同，否認某種情緒，轉而攻擊自己而自己仍渾然不知！這個描述所要呈現的是一個先後順序，背景為受到威脅的壓抑，固著蔓延在整個接觸的過程中，隨之而來的是毫無覺察。（Perls et al., 1951/1969: 458）

在完形循環圈之形成和毀壞的不同階段上，特定的界限干擾也許會趨於更加突出。在完形循環圈的次序或編序中，神經症的機制或許會逐漸呈現，這代表循環中的其他階段會受到阻礙，或使任何其他的階段變得不完整，被曲解或有所損害，以致阻止其他階段的完成實現。

因此，「擾亂─安適」可以被視為完形之形成─毀壞循環歷程中的一種干擾，或是此循環中任何一個或多個階段的失功能。重要的是，這些概念在治療過程中要用在何處及如何使用才會有效。**感覺**過程中的失功能（有時亦稱為「低敏感」）經常發生在來自肉體的感覺，如痛苦或不舒服被忽略時，以及來自外在環境的訊息同樣被堵塞時。

這類干擾的案例發生於當事人 Jocelyn 身上。在 Jocelyn 加班工作到深夜時，她常常讓自己變得冷酷、沒有感覺。當她還是個小女孩時，曾經遭受過辱罵虐待，在長大成人後，Jocelyn 即與其自身的肉體疏離。當她受到傷害、感到飢餓或覺得疲累時，童年時期因受傷害所遺留下來的心身創傷，阻止她表達基本的情感。她雖然曾經成功地以吶喊尖叫減輕痛苦指數，但是她仍然將自己與所有生活中基本的歡樂和享受隔離。她的僱主看到她整天像一部有效率且自動化的機器一樣地工作，開始擔心長期下來會對她的健康造成影響。在僱主的建議下，Jocelyn 前來尋求諮商。具有精神分裂人格的當事人通常在感覺上有明顯的中斷狀況，他們會忽視或曲解內在感覺或外在刺激因素所帶來的衝擊影響。

完形循環中**覺察**階段的失功能（稍後將在本章節中以「偏離」術語作更詳盡的探討）發生於，當個體未完全覺察自己的需求或來自外在環境的要求與引誘。個體既未覺察來自於自己身體的訊

息，也未覺察來自外在世界所給予的重要意涵。個體可能會在此覺察階段，由於未留心注意，或是故意轉移那些對個體存在或需求的實現很重要之事物的注意力，因而干擾、妨礙一個新圖像的浮現。具有被動攻擊人格特質者，經常藉由封閉覺察的能力來阻擋那些會對其造成衝擊的刺激因素。例如，Peter 正在「生悶氣」。他孤僻地坐在一旁，遠離其他人，然後凝視窗外，愁眉不展。Lucy 問他：「怎麼了？」。Peter 以一種充滿輕蔑的聲音回答道：「沒事。」Peter 以此種方式使自己「聽不見 Lucy 的聲音」，並將 Lucy 可能對他造成的衝擊減至最低程度。

接下來的循環階段著重在**動員能量**，失功能會發生在個體動員的能量不足或過多時，或是當興奮被中斷或被誤解時。頹廢沮喪的當事人是動員能量階段出現失功能的絕佳例子。頹廢沮喪者無法啟動能量，就好比他們開始挨餓禁食，或是不照顧自己。而此種行為可能是對有害的內攝的一種回應，例如：辱罵成性或經常忽略孩子的父母。個體在焦慮狀態中，可能會出現普遍性的興奮和不明確的啟動能量。Jenny 抱怨說她在她大學的班上經常感到焦慮，她的能量確實是被激發了，其潛力是有用的且可獲得釋放。但是，當她正襟危坐在演講廳內自己的位子上時，肌肉已開始緊繃，毛細孔過度擴張，處於保持警覺的狀態，但她這樣的狀態卻未讓她採取行動達成目標或是圓滿的完形。動員能量的需求必須被適當地選擇或執行，才能解除她的焦慮或使她可以自由地發揮才智，而後者也正是她一直在追求的。Jenny 幻想著講師和她的同學們應該會鄙視她，而且會認為她是個無聊的、沒有價值的人。在 Jenny 進行諮商治療的過程中，她開始清楚地明白，那些在她腦海裡徘徊的負面訊息起源於她在童年時期「內攝」了她父母對她

的批判和斥責,這使她在成年後堅信自己是毫無價值的人或朋友,她的行為也因此變得「不友善」和「無趣」。

在完形循環圈的**行動**階段,失功能發生在行動已被採取且被執行,但是卻未能適當地完成實現個體最初主要的需求。在此階段出現的干擾經常是由於個體否認自我的某些組成部份,並且將其放在別人身上(「投射」),這就是妄想的干擾。投射會阻止個體與行動做完全與完整的「接觸」,使個體無法完成一種感覺或是一種經驗。事實上,行動可能會因個體處於強迫或沈溺熱衷的狀態而不斷地重複,但這些行動卻無法有效地應付個體真正的需求。例如,當 Jake 感到焦慮時,他會開始強迫性收拾整理,而不是去明白他久已遺忘的那種想要被瞭解和被認真對待的渴望。

在完形循環圈**最後接觸**的階段,失功能發生在個體的行動並未完全、精力充沛,且活力十足地連接或恰當地執行時。個體並未在環境上行動,也不是把行為直接導向到一個適當的外在目標,相反地,這類失功能的人是把行為(行動)轉向至自己身上。在本章「迴射」一節中將對此做更詳盡的解釋。例如,Claus 不願冒險去(而且拒絕)尋求與他人建立愛情關係,而是不斷地作白日夢,並且放縱自己暴飲暴食,沈溺於按摩推拿及購買昂貴的衣服。Alvyn 不直接對她暴虐的老闆表達她的憤怒,而是將憤怒轉移到自己身上,並且嚴責屬斥自己是一個經常令人煩惱頭痛的人。她永遠不會向老闆說出她的氣憤,但是她會經常性地罹患喉頭炎,並且從中體驗到她自己會「讓她自己窒息」,而事實上她常幻想著要讓他的老闆窒息。

敏感的電化學肌肉回應(阻止個體壓抑情感的表達或產生良好的感官知覺)會造成個體長久武裝自己的性格,甚至或多或少

造成肉體上的疾病，例如：糖尿病、關節炎與癌症。

　　在覺察循環的後接觸或**滿足**階段，干擾出現在個體未好好品嚐某一經驗的完全性與完整性，便過早地從一個經驗跳到另一個經驗。那些習慣性在這階段中斷經驗的人，無法從其大部分的經驗中獲得一種完成感。他們通常覺得「在品嚐後」的快樂被一種含糊不明的方式剝奪，例如：享受一頓美食，或來自於一位朋友的挑戰面質。其中一種讓接觸不是滿足的接觸是「覺察自己正在接觸中」。這就像戀愛中的人會「自我意識地」複製情詩。這種旁觀或評論自己或自己的表現，就是完形所謂的「自我中心主義」或性治療中的「旁觀目擊」（spectatoring），而且很像是自戀人格的模式。許多女人在性愛過程中有經驗性高潮的困難，這表示她們在覺察循環的後接觸階段出了問題。接觸的滿足較像是在站立或走路時，來自於地心引力的感覺，你根本無須去思考自己如何覺察到和腳下的綠草有幸福美好的接觸。那純粹是一種全然且鮮明的「綠草茂盛的感覺」。

　　這類發生於覺察循環的失功能，往往導致個體缺乏自發性，以及對自己身體和環境的疏離。那些長期性干擾接觸的人，也許看起來仍把自己「控制」得很好，但是他們缺乏無我（unself）意識的安定自在，無法融入自己本身與環境中。就隱喻上而言，他們是「白費力氣」（pushing the river）（Stevens, 1970）。

　　在個體獲得滿足後，繼之而起的是完全的**消退**或休息階段，使個體處於一個平衡、寂靜與開放的狀態。消退階段的失功能發生在個體不願放開之前的情境，或是突然進入一個新產生的「圖像」。在某些清晰的圖像自然地由自身或環境中浮現之前，個體以此方式來避免自己「處在空白虛無的狀態」。這類人的特性就

是很難放下（letting go）。當他們搬進新家時，他們或許會有放棄一個過去的自我圖像，或是拋開某一生命階段創傷經驗的困難。唯有釋放和過去的關聯與經驗並為此感到悲傷，才能讓自我與過去分離，並迎接另一個新事物所帶來的可能性與潛力。這就是轉換理論（transition theory）所謂的「中性地帶」（neutral zone）（Bridges, 1980/1984）。「工作狂」（workaholics）或專業人士常讓自己「身心耗竭」（burn out），就是個體在消退階段受到長期干擾的例子。對工作的滿足是他們生活的一切，而且他們對此滿足來源的依附（或是融合），便阻礙他們從其他來源獲得快樂。不願或避免進入這一個中立領域，便會干擾完形循環歷程的和諧規律狀態。

在此循環的任何一個階段所出現的妨礙或干擾，都會阻礙個體需求完成歷程其優美、自然的規律。融合會阻止個體在感覺階段滿意地發展，低敏感會阻礙完全的覺察，偏離會阻礙能量的啟動，內攝會阻礙個體採取有效的行動，投射會阻止完美的最後接觸，迴射則會削弱滿足階段，自我中心則會限制個體達到有效的消退。

圖 4-1 所呈現的是完形形成─毀壞循環歷程的歸納圖，藉由例子討論發生於每個階段的界限干擾及其特徵。循環的內部代表自我本身，循環的外部領域代表環境，介於二者之間的線條即代表自我與環境之間的界限。這是有機體─環境互換的邊線。本章中所討論的七種干擾模式，則以較小的箭頭線條及附加一個小圓圈作表示，代表內在心理的物質或外在環境的資源。

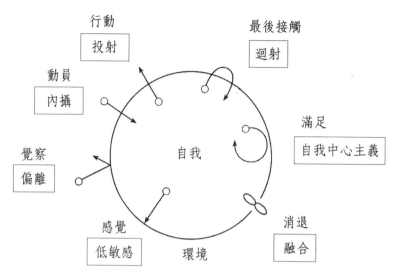

圖 4-1　完形形成和毀壞循環歷程中每個階段的界限干擾圖

　　為使讀者在心智層面能消化理解這些理論，運用和吃有關的行為隱喻應會有所助益。例如，在感覺階段出現的低敏感，內在心理的刺激是由內向外，並中斷在界限上；低敏感就像用凍僵的嘴唇吃東西般，少了味蕾。在偏離狀態中，來自外部的刺激被阻擋在個體—環境的界限上，就好比一個人咬緊牙齒，阻止自己攝取任何食物般。在內攝狀態中，外部的物質太過於容易與自我結合成為一體，就像囫圇吞棗吃飯般，沒有任何咀嚼或品嚐。在投射狀態中，內在心理的物質太輕易地從自我本身被驅逐而出，就像一個人吐口水或吐出已經消化過的食物。在迴射狀態中，原本傾向往外的物質，卻轉向回到自我身上，這就好比撫摸或咬自己的嘴唇。在出現自我中心主義時，內在心理的物質沒有和外在環

境作相關的照應，就已經被回收，這就像一個人一面吃飯一面照鏡子般。融合的現象則以一個橫越在自我及環境界限上的無限大符號作表示，象徵一個封閉的系統強力地摧毀了界限功能。這種現象就好比為嬰兒吸奶或是像時下一些年輕人的「分享唾液」（接吻）。

界限干擾（或中斷）之詳述

低敏感（減低感覺程度）

在「低敏感」時，神經官能症者會逃避體驗自我本身或外在環境。全神貫注的自我會缺乏感覺，有如行屍走肉，這是因為自我的官能感覺與情感已被稀釋、被漠視或甚至於被忽視所致。痛苦或不舒服在不同的程度都無法成為一個圖像。一個溫和的例子是在陽光下曝曬過久；另一個極端的例子是個人的身體需求被置之不顧。例如：有些人會自豪於他們的酒量、不眠不休、在極端的壓力下（例如在證券市場）工作。當他們毫不注意這些損害時，不用多說，這樣的生活風格正在危害其健康與心臟。

低敏感會出現在覺察循環的任何一個階段。例如：一個非常口渴的人，當他正在喝一杯他極需要的飲料時，在最後接觸階段中他或許在看電視新聞，因而沒有感覺到一種放鬆。在本書中所討論的低敏感係指出現在完形循環圈感覺階段的干擾。

在某一個程度上，低敏感是健康生活的一部份。例如：運動員為了贏得一場賽跑，可能會忽略一個小水泡所產生的疼痛感；

或者，為了獲得較多的睡眠，人會忽略一張凹凸不平的床墊所造成的不舒適。

偏離（逃避感覺或有意義的衝擊）

「偏離」係指個體逃避與他人作直接的接觸。這是個體降低察覺環境接觸（所帶來的影響衝擊）的行為方式，把接觸變得模糊曖昧、籠統，或是對此接觸無動於衷。話題的內容也許會被巧妙地改變，例如：當女人問「你愛我嗎？」男人的回答是：「妳所謂的愛是什麼意思？」這對情侶不以完全的情緒強度來直接分享彼此的情感，而是選擇用抽象的語言作無味的描述，或迴避雙方眼睛的接觸。當一個人習慣性地偏離主題，即表示他或她並未以有效的方式運用其個體的能量，從自己、他人或環境獲得回饋。在此狀態下任何批評、指責、欣賞或愛也許都無法「被接受」。

> 有偏離行為的人無法從其行動中獲得充實的豐收。他也許與他人交談，但覺得沒有觸動或是被誤解。他與外界的互動失敗，達不到他預期的合理效果。縱使個體能有效或準確地和別人溝通，但是他若不願與其他人接觸，那別人就無法完全地感覺到他的存在。（Polster & Polster, 1974: 90-91）

在偏離現象出現時，神經症患者會試著逃避那些來自於自我本身或環境的衝擊。全神貫注的自我會感覺到被疏遠及被遺棄。

偏離通常對個體是有害的。就隱喻來說，偏離就是剝奪了原來豐富及生動的接觸。不論如何，偏離在某些有潛在危險的情況

下作為一種求生策略是有用的。例如：偏離極權政府下的傳播宣傳或誤報，終究可以與真實的狀況做更好的接觸。偏離也許會中斷完形循環圈中的任何一個階段，特別是會擾亂個體的覺察。

內攝（被內化的「應該」所支配）

「內攝」是最初始的心理機制，我們從環境中重要的他人處攝取食物、汲取思想與規範時，即是透過這個心理機制。除了嘔吐或直接吐出外，幼兒要一直到斷乳牙（對 Perls 而言，這是個體發展一個最重要的里程碑），才能容易地以一種辨別的方式來排除有害（亦即使功能發生障礙）的物質。直到牙齒成長到具有「攻擊性」時，個體才有「咀嚼」來自外在環境訊息的潛在能力；個體會分辨何者對其是重要的或滋養的，並驅逐不適合者。這種能力可以應用在其它所有具有滋養性的資源，如食物、人際關係或資訊等等。在「內攝」狀態中，神經官能症者會把身體原本所感覺到想要吐出的穢物，做正當化的轉換並視之為正常，亦即全盤吸收不是自我所想要的事物（Perls et al., 1951/1969: 463）。

人們在還是小孩子的時候，就「吞嚥」下各種規範，或是採用各種的金科玉律，例如：「你必須永遠努力工作」，「你必須把別人的需求擺在第一位」，「你必須隨時控制情感」。人們或許也會吞嚥下所有的歸因，例如：「你是個懶惰蟲」，「你比你的姐姐更具創造力」，「所有我們家族的男人都死於酗酒」。會習慣性內攝的人幾乎總是在「豎耳恭聽」或「睜亮眼睛」，以得知他們應該做的事。他們缺乏一種自我引導的內在感，或是缺乏依據自己需求來做自我調節的能力。他們所內化的事物與他們自己本身其實是相異、缺乏彈性的，而且總是以極權的方式要求他

們「你應該永遠……」等等。某些社會文化既存的刻板印象，例如：雜誌上的女人形象總是被動的，而且心甘情願地做男人的消費物品。這些很隱微地被大部份的人所吸收內化，人們毫未察覺他們一直在內化這些刻板印象。

　　成人的生活中持續有的內攝會出現在偶而學習某些技巧之初，例如：從打字到模仿自己的諮商師等等。在理想的情況下，亦即在較後來的發展過程，所有早期的規範將會被個體重新檢驗，以探究這些規範對個人、某些情況及某個時刻的相關性與適用性。

　　內攝會干擾個體在覺察循環過程的任何一個階段。例如：一個女人也許享受性愛，但卻無法讓自己從性愛中獲得高潮（此乃最後接觸階段），因為她將諸如「性只是為了讓男人獲得宣洩、放鬆」的訊息加以內化。無論如何，內攝經常會極度地阻礙個體動員能量，妨礙個體採取適當的行動來滿足其需求。

投射（在他人身上看見自己不認為有的特質）

　　投射是一種事實上自己所擁有的人格特質、態度、情感、或是行為的一部份，但是自己卻毫無所感；反而認為它們是環境中某些物體或是某些人所有的。更甚者還會經驗到是他們對自己如此，反而不是自己以此對待他人。例如，投射者未曾覺察他正在拒絕別人，反而是認為別人正在拒絕他；或者未曾覺察他和別人交談時具有性暗示的傾向，卻反而覺得別人以性暗示和他打交道。
　　（Perls et al., 1951/1969: 211）

投射可以是一種健康且具建設性的方式，被個體用在規劃或預期未來的情境。所有的創造力均含有創作者將其自我投射在幻想創作上的影子。有時候人們會在其他人身上看見優雅高尚的特質，例如：誠實或機智，但卻未能認知到其實自己本身也有相同的特質。諸多投射的案例或許正好為俗語——「要透過自己來認識別人」——提供了解釋的基礎。

先入為主的偏見是具顛覆性及毀滅性的一種投射類型。被自己否認的部份被歸於受到歧視的種族、階級、或性別時，投射者就會減少了自己擁有一些陰暗特質的心理負擔。投射經常具有真實性，但投射者經常極少注意外在的環境，或是總感覺自己無力改變某種情況。雖然投射可能會中斷覺察循環的任何一個階段，但卻經常出現於行動階段，干擾個體。

迴射（針對自己本身而不是對別人做某些事）

「迴射」係指「突然地轉身背對」。迴射有二種類型——第一種類型是個體原本想對某人做某事，但卻轉回來作用在自己身上。個體的人格於是分裂成「去做」及「被做」二個部份。這一類的人不是直接對傷害其極深的父母表達出心中的攻擊衝動，就是轉而將攻擊衝動發洩在自己身上，而且過著一種對自我充滿敵意的自我懲罰的生活，甚至最終會導致自殺的行為，這就是一種殺人行為的迴射形式。「迴射就是神經官能症者忙於攻擊自覺被遺棄及被排除於環境之外的自我」（Perls et al., 1951/1969:463）。

當人的感受與想法在其原生家庭中未受到肯定，或是因為表現出自然的衝動行為而被懲罰，人們就學習到了迴射。想要攻擊他人的衝動於是持續地被封鎖在體內，這會影響到個體肌肉的線

條型式，腹部緊張或是體內的化學平衡。個體的能量被用來壓抑原先被控制住的衝動，因此個體的能力也被耗盡枯竭，使其無法在當下的環境中滿足其需求。

　　大多數的人自小即被教導說攻擊是不好的，而且表現出攻擊衝動也許會無可避免地導致毀滅或傷害。然而，完形視攻擊本身即具有延展的意義，它是有機體在生活上、情愛及生產活動中不可或缺的要素。當你在一個委員會的場合中抑制自己不適當的哭泣，即是正面地使用迴射。然而，總是不讓自己表達受到的傷害或是憤怒，那就是有害了。

　　另一種迴射是個體對自己做自己想要或曾經想要別人對自己做的事。當一個人無法從父母身上獲得應有的關注、慈愛及照顧時，則會相對地對自己付出關懷、愛及照顧。例如，在 Barry 訴說自己的寂寞時，他經常會將他的手伸進衣服內，撫摸自己的胸部。當他揣摩自己的手所要表達的訊息時，他聽見他自己在安慰心中那個「內在的小孩」，而那正是他曾經希望他那冷淡疏遠的父親能夠對他做的事。唯有在這種迴射行為不會阻礙他滿足目前真正的人際關係需求時，那才算是一種自我支持的重要方式。迴射可以出現在覺察循環中的任何一個階段，但特別會在最後的接觸階段干擾個體。

自我中心主義（以控制阻斷個體的自發性）

　　「自我中心主義」在完形中的特徵是個體從自身中抽離，成為自我以及自己與環境關係的一個旁觀者或評論者。此種神經官能症的心理機制會妨礙個體採取有效的行動來滿足其需求，並且會干擾其和環境做良好的接觸。某種來自內部的評論，看自己是

多享受在秋日的公園裡散步,那會阻礙個體身歷其境而無法體驗真實的無我意識的快樂。「在自我中心主義的狀態時,神經官能症者會察覺到自己想對每件事作出評論,但自我本身卻感覺到空虛、毫無需求或興趣」(Perls et al., 1951/1969: 463)。

Perls、Hefferline 與 Goodman 在其有關自我中心主義的討論中,對精神分析學中的神經官能症有所說明(當然這並不局限於任何一個單一的治療法)。他們指出,當個體以旁觀者的姿態觀看其自我意識的種種活動時,就會是個問題;尤其是當個體接受了他所在的系統,而且成為其「理想的產物」一種適應良好的「生殖性格」、「自我實現」等等時。個人的洞察力若還未能統整或類化,就好比是把一件不成比例或剪裁怪異的衣服套在他(她)的身上一樣。當個體對著鏡中「成為自己」(being himself)的自己孤芳自賞時,他的生活即缺乏真正的自發性,他的胃口看起來是已被編製好的,而他的工作也是枯燥乏味的。

Perls、Hefferline 與 Goodman 指出,正常的自我中心主義是任何複雜及成熟的發展過程中一個不可或缺的階段,這可以使個體避免做過早的批評論斷,以及減少打擊「未做」(undoing)的需要(Perls et al., 1951/1969: 456)。

自我中心主義會發生在覺察循環中的任何一個階段。例如,一位母親聽到自己的嬰兒正在哭泣時,並未即刻查看,卻花時間慶幸自己有敏銳的聽覺。當有機體投入在過程之中甚於全然地經驗其滿足時,這種自我中心主義通常會中斷個體的滿足。在與外在環境做接觸時所出現的自我中心主義,會阻礙個體真實地付出或接受。因此它會阻礙一種完整或真正滿足的感覺。長期性的自我中心主義會導致個體出現習慣性的人格模式,亦即自戀性的人

格違常。具有這類特質的人缺乏同理心，而且普遍有一種自大浮誇與過度敏感於別人如何評價自己的僵化模式（Yontef, 1988）。

融合（失功能的封閉狀態）

「融合」係指個體與環境無法有適當區別的狀態。個體與環境之間的界限是模糊的，一如胎兒在母體之中的狀態。兩個人的信仰、態度或情感融合為一體，而未認清兩者之間的界限，以及彼此的不同之處，彷彿他們是同一個人。非到生死存亡的關鍵時，任何對界限的強調都會讓個體感覺到是一種關係的威脅。共同生活一段長時間的夫妻可能看起來彼此相似、擁有相同的品味、甚至於連思考模式也類似。他們經常會用「我們」這種高貴莊嚴的用語，例如：「**我們**相信國家教育對我們的小孩是非常好的」。他們放棄對分離的渴望，毫不留戀地放棄自己人格特質的某些部份。衝突的念頭或是任何的意見不和彷彿會威脅到他們關係的基礎。

所有的界限干擾原本是一種有機體求生的功能。同樣地，母親與嬰兒在情緒及身體方面的融合，對孩子的成長發展是一個必需的且健康的構成要素。有些人際關係中的融合是有益的，例如對痛失伴侶所產生的同理的瞭解。有些個體與環境之間的融合可以令人終身受益，提昇生命價值。例如，個體在一次冥想中的高峰經驗；或是某一種表達藝術，如繪畫。失去自我界限對個體獲得完整豐富的經驗有決定性的影響。在健康的接觸中，個體會以自信釋放自己，而這樣的時刻會不斷地發生。

人類為了解決各種情況必須使自己在融合、維持界限及劃清界限之間保持一個適當的平衡。和環境融合為一體的體驗偶而是

必需的，因為如此人類才會感受到任何對地球的攻擊就如同傷害我們自己一般。但是，恆常地與他者，不論是和人或情況融合，或陷入其中，則會導致個體喪失自我，缺乏滿足的接觸，最後造成個體的分裂崩潰。

融合也可被視為是個體面對終極的存在孤獨、人類難免一死的宿命，以及面對空白虛無（void）的恐懼時，一種自我防衛的功能。每個人都會以不同的方式經驗「空白虛無」。「對每個病患而言，空白虛無有各種不同的意義。對具有強迫行為的病患而言，空白虛無也許是一種違常；對某些病患來說，則是代表年齡和死亡；對年輕的女人而言，空白虛無或許是在性愛高峰時失去自我；對初期精神分裂症者而言，空白虛無則是一種毀滅本我的力量。」（Van Dusen, 1975b: 92）

當人在關係中尋求失功能的封閉或融合時，二種型態都顯示個體缺乏忍受與他人差異的能力及不願探索自我本就具有的能力資源。在「融合」的伴侶關係中，每一個人都無法獲得充分的發展。照顧者經常與「依賴者」共謀，以避免處理自己對依賴或被遺棄的恐懼。不健康的自我與情況（例如：職業工作）混合為一也是一種融合的表現。有些諮商師會過度認同自己的工作，致使個人的自我與專業角色變得無法區別。毫無疑問地，如此的融合會導致職業倦怠、幻想破滅及絕望。

> 融合是想要降低差異者所追求的魅影，好讓自己減輕經
> 驗新奇事物與差異性時所造成的煩亂顛覆。這是個體減
> 緩痛苦的手段，藉此平息並達成表面的妥協，一種不會
> 造成搖擺的合約。從另一方面來說，良好的接觸是即使

　　在最深度的結合中，仍深刻明顯地感受到對方的存在。
（Polster & Polster, 1974: 92）

　　融合會妨礙個體的感覺功能，使其無法在經驗循環中有規律
和自發地運作。例如，只要母親持續與新生嬰兒融合為一體，並
且關注嬰兒的需求，那她對區別出自己需求的感覺能力及敏感度
就會自然而然地降低。當然此種融合就某一段時期而言是必要的。
但是，母親與嬰兒之間融合為一體的時間若拖太長，就可能會造
成母親的憂鬱，或是和她的丈夫重新開始活躍的性生活時出現困
難。

　　融合可能發生在覺察循環的任何一個階段，例如在感覺層面
上。一個懷孕的妻子可能每天早上會像生病般地害喜，而丈夫也
會同樣感到不舒服。融合是特別值得注意的一種干擾接觸的形式，
如同作者在本章稍早已提及的，融合出現在覺察循環中的消退階
段。長期性的融合是有邊緣型人格違常的一個特徵，其融合或許
是不規則、不穩定的。他們這種激烈、受情緒驅使的人際關係乃
是由於他們在自己和一個過度被理想化的他者融合以及自己和一
個被貶低的他者融合之間擺盪、變化。這種和別人融為一體的需
求（完全的滋養慈愛與完全的拒絕互相交替更迭）需要謹慎地設
定界線、強調責任以及對這明顯的二極做統整（Yontef, 1988）。

　　有些長期性的接觸中斷和一些普遍常用的臨床診斷的分類有
關。在此本書並無意指那些人類似臨床診斷的描述。各種案例的
提出乃是為了帶出討論與辯論，而不是為了要求真實性與正確性。
諮商師在使用完形治療法時，會不斷地質疑以診斷分類作為基礎
的各種假設。同樣地，諮商師也會定期地質疑自己拒絕使用診斷

分類的假設。以完形治療為取向的諮商師會從現象的描述及臨床
預測之間的創造性張力發展出其獨特的理解及實務經驗。而各種
完形治療的型態不必一定是善變不定的，也不必是固定不變的。

接觸干擾在完形治療歷程的運用

　　任何接觸干擾都可發生在經驗循環的任何一個階段。所以，
諮商師必須時時刻刻準備好應付各種中斷。諮商的起始點取決於
當事人在何處開始發現自我。那可能是在當事人需要往一個清晰
的圖像移動時，他或她在動用能量上有了困難。而這種無法動員
的狀態就是當事人的起始點。

> 因此，當完形治療師和其當事人展開諮商時，諮商過程
> 中的工作於何處開始，對他或她而言是否投注同等心
> 力，在理論上及實務上是不重要的。治療師受當事人委
> 託而必須解決其於循環中各個階段的問題，並且最終幫
> 助當事人體驗極致的完整性與清晰性。（Melnick & Ne-
> vis, 1986: 45-6）

　　瞭解各種經驗循環的本質及先後順序是本書的基礎，此乃為
了思考如何以某些重要的動力方式和諮商歷程作類比。界限干擾
的運作，及其在自然經驗流程的各個階段所產生的妨礙結果，都
會在本書中提及。雖然討論會聚焦在每個階段中某個特定干擾所
扮演的角色，但須切記的是，這都是為了舉例說明和討論，而不

是下定義或作指示。在下一章我們將深入地探討對諮商療程必需的先決條件，並將之比擬為處理經驗循環圈中感覺階段的問題。

5 知覺以及諮商中必要的 先決條件

有一位禪師說道：有一回當他聽到一位近親死亡的消息，他哭了。而另一位禪師則批評他說：「對於一位禪師來說，表現出這種個人的依戀是不適宜的。」他回答：「別傻了！我哭是因為我想哭啊！」（Watts, 1962/1974: 155）

第四章討論了完形形成及毀壞的階段，以及在每個階段都會發生的界限干擾。如同第四章圖 4-1 所顯現出來的，這本書的目的在於把某個特定的界限干擾與完形形成及毀壞週期的某個特定階段連結在一起討論。當然，如同大家所瞭解的，界限干擾可能發生在完形週期的任何階段。而這本書有此特別的安排是為了要描述持續歷程中靜止的片刻或是段落的記號。事實上，完形的諮商歷程有無限的多樣性，所以說這樣的方式只能概略地表現出完形千變萬化的動力過程之一。

這本書接下來的六章會配合著完形週期的階段來作介紹，因為他們剛好可以反映出諮商歷程的發展階段。每一章會著墨在諮商歷程順序中的一個發展階段，並且與完形週期的階段及可能相

對的干擾做連結。因此每一章會包括：(1)探討與諮商歷程有關完
形經驗圈的每一個**階段**；(2)探討發生在這些階段的典型**議題**；(3)
介紹一些**技巧**或實驗，尤其是和那些特定在某個完形週期中會出
現的界限干擾有關的實驗（這些當然也可能以其他的形式出現在
別的週期階段）。但是這些實驗或技巧不能單單被當作技巧來使
用。就算是在某些個時候，我們似乎提供了一些答案或是指示了
有些諮商師可能會做的回應，但事實上，最好的完形是不刻意使
用技巧的。所以這些介入的例子應該要以存疑的態度來使用，而
且要因著不同的狀況，例如：一般的情況、特殊的諮商階段、或
是不同的人格形態（使用不同的干擾界限）來做調整。在完形中，
諮商師所使用的策略是完全無法預設的。這些所謂的程序或實驗
只是一些先前諮商師與當事人互動中即席性的介入實例，而用這
些來舉例說明，目的在於激發出一些發現、發明與創造。

建立知覺功能

　　在可能的諮商關係成立之前，必須有些特定的先決條件。大
體而言，完形還是以口語的方式來接觸人的痛苦悲傷，所以能藉
由話語來作基本的溝通是理想的；然而，這也不全都是如此的。
例如：有些完形治療師在治療一些腦傷的病人時，會使用韻律及
音樂作為媒介來促進他們對感官的知覺及身體的體驗。重要的是，
要記住「自我實現」這個由 Goldstein（1939）所貢獻的概念。他
假定這是有機體（人類）最獨特有效（sovereign）的動機，而且
是其他所有驅力（例如：性或攻擊需求）的來源。這個想法是Gol-

dstein 在治療腦傷軍人時所發展的。而不管當事人的接受能力如何，這樣的想法一直是引導完形工作的主要觀念。

完形治療師也都會注意到當事人身體的層面，有些人甚至還受過按摩治療或身體工作的訓練。完形治療是植基於諮商師可以看到、聽到、感覺到、及聞得到當事人的一些東西，而不強調諮商師用思考、詮釋或光用腦袋去瞭解當事人所呈現出來的東西，因此重點在於覺察。而 Perls 之所以強調要把感官知覺擺在首位，是針對那些過分注重認知層面的諮商歷程，例如：認知及心理分析取向的一個反彈。這決不表示他要排除完形治療師思考的功能。Perls 希望強調的是：在建立諮商關係中一個非常重要卻被忽略的重點──也就是人們在判斷之前、詮釋之前、分類之前的感官資訊。這也是完形現象學的核心──一種對於體驗抱持著彈性的哲學觀，換言之，就是要把人主觀的經驗擺在首位。在諮商歷程中，唯有諮商師與當事人建立起合作關係時，這種相互的關係才可能存在。這種一起工作的方式非常不同於以往的情況──即諮商師以專家姿態去瞭解當事人的心理勝於去瞭解當事人本身。相對地，完形鼓勵當事人的自主性，但在這過程中，一定會以支持為前提，只是最終的目標及現階段的一個可能性便是建立諮商師與當事人相互依賴的關係。

在完形循環經驗中，主要任務是要促使個人使用一種對其成長最有助益的方式，從完成的退縮階段開始移動，通過前接觸的虛無，到達知覺反應的階段。對於一位受到極度傷害的人來說，他可能已經對於常人所感受到的疼痛及不舒服感失去了任何的知覺能力，甚至威脅到了他的生命安全，例如：他可能會用頭去撞牆，撞到流血，而自己毫不感到疼痛。事實上，類似的自傷行為，

不管是用香煙頭燙傷自己、割腕、或持續挨餓，通常都表示此人試圖透過任何方式想重新建立有機體的知覺功能。催眠的狀態、歇斯底里式的轉變、創傷後症候群、或睡眠剝奪也可能會暫時性地變成類似知覺解離的狀態。雖然諮商師不見得會被期待要去處理僵直型精神分裂病患或無反應的憂鬱症病人，但是對於一位諮商師而言，他還是得熟悉這些病症，以便能及早辨識出來，做適當的處置。而且要是這些病患需要住院治療、諮詢建議、及／或醫藥治療時，最好能與精神科醫師有一些必要性的接觸與合作。從較輕微的程度而言，暫時性的退縮或是部份知覺功能的喪失，也可能發生在一般晤談單元中，尤其是在探索深層情緒的過程或是當事人有了一個新的洞察之後。

另外一些人的例子是，他們已經與自己的知覺疏離了，而且不管受到多麼強烈及誘人的刺激，他們就是無法產生真正的辨識感或愉悅感。這可能是所謂的無趣的、無動於衷的、虛無、疲憊的自戀性人格，換言之，他們已經看過，經驗過所有的事，對他們來說，太陽底下已經沒有新鮮事了。另外可能的情況是，有些當事人會強迫性地去尋求一次又一次的性刺激，每一次都得比前一次更奇特，更違反常情。

不管是當事人或諮商師，都必須去熟悉他們生命經驗中虛無的空間，學習去容忍這段空間，而且要透過探索的過程把這段無用的空白，轉換為豐富的空間。這不光是要有意願能忍受困惑及不確定的狀態，還得必須擔負著在時機成熟時往前移動的責任。如此，知覺才能被允許從背景中浮現成為圖像，而這樣的背景通常是充斥著虛無、混亂，同時又是有著無限可能及潛能的。

覺察循環中有關知覺關鍵的諮商工作通常是緩慢及痛苦的。

在諮商關係建立的同時，諮商師也要聚焦在很多體驗的細節上。

> 有創意的諮商師必須要找出一個方式，使他自己能投入
> 並且進入到當事人生命中仍然活著、跳躍著的部份，從
> 那裡，教導當事人、引導他的覺察、並且讓這份覺察能
> 停泊在（park）環境裡。這可能包括了個人對他身體的
> 察覺、身體在椅子上的重量、身體的空間位置、自
> 間的聲音及移動。（Zinker, 1978: 99-100）

　　當然，對於一位諮商師來說，他本身敏銳、生動的知覺功能
是一個很重要的衡鑑工具，可用來評估當事人的狀況以及其經驗
成長的背景。Kraepelin 年代的精神科醫師們常說他們可以聞得出
來患有精神分裂症的病患。對於一位新的諮商師而言，學習去作
敏銳的察覺，分辨哪些當事人是有暴力、自殺、或精神病傾向是
很重要的。大體而言，初步的治療架構在第一次與當事人接觸之
後就會大概成形，所以說，諮商師是否能察覺到這些早期的知覺
訊息會影響其接下來的諮商療程。畢竟，一位諮商師最真實的夥
伴就是他／她的直覺。就某個程度而言，對這種直覺能力多加以
瞭解或訓練的話，它會成為一種可靠的資產。

診斷及治療計畫

　　當代的完形治療師們雖然還是立基於現象學的架構，但也重
申診斷的洞察力及好處（Clarkson, 1988）。在完形治療中所謂的

計畫與結構的觀點早在一九四○年代，就存在於 Perls 原始性的技巧裡了。Perls 曾說過：「對於諮商師而言，一旦確定了當事人神經症的結構之後，他必須計畫實際的療程，但也要在整個治療過程中一直保持著高度的警覺性及彈性。」（Perls, 1979: 21）我相信上述所言在當今仍然是實用的。當然，這與諮商師知道自己能做什麼、不能做什麼有關，而所謂諮商師的能力就端視個人的訓練、人格特質、經驗、資源及診斷的能力是否能正確地評估當事人與其狀況，但同時又能從一開始就保持著敏感度及真實性。

完形治療師對於診斷的工作，也有極多樣的看法，有些人斷然拒絕正式採用任何精神疾病的專有名詞；相對地，有些人則致力發展出一套複雜的診斷系統──把《心理診斷與統計手冊》的人格疾病與完形的察覺週期、接觸功能、抗拒機轉、支持系統、以及基本的兩極與自我形象做連結（Delisle, 1988）。

因著本書介紹性（introductory）的目的，我寧可鼓勵諮商師們試圖發展出自己整合個人的知覺、辨識及預測能力的方法。

藉由對當事人初次的印象、主觀的回應、以及對真實會心的開放態度，諮商師可以使用界限干擾與覺察週期中的每一階段去發展和計畫他們的諮商歷程，但前提是，對於「診斷的敘述」與「改變的可能性」這兩個矛盾的層面，必須抱持著開放的態度。換言之，可以讓他們互為圖像及背景，畢竟，每一個人都是獨一無二的個體。而且諮商原本就是要改變診斷的一種嘗試，不管這診斷的標籤是所謂的「強迫性疾病」，或是一種自我強加在自己身上的限制──例如：「我總是會在新的情境下感到焦慮」。

在本書中，我建議了一份引導圖，圖中諮商程序大致上可以依著特定的界限干擾而形成概念化。原則上，特定的界限干擾會

發生在週期中最常受到干擾的部份，然而應用在單獨個案的情境中時，因著其獨特系統的作用，常會形成生動有活力的敘述。例如：一位對猜疑、不贊同、及惡意有長期投射問題的人，可能在接觸週期中的退縮階段更容易呈現出這些症狀。但依上述的觀點，治療的計畫不是固定不變的，而是有機性地展開的。

初步（知覺）階段中典型的議題

佈置場景

　　完形的諮商環境常會反映出這取向中的一些價值觀。通常會有一些舒服的傢俱，包括可以被用來做象徵代表的墊子。有一些可供當事人移動、走動、或跳舞的空間是最好的，因為要是空間狹小的話，就無法符合身體伸展的需求。藉由一些繪畫、乾燥花、燈光等等可以創造出一個豐富感官及有趣的環境。對於那些需要復甦感官功能的當事人，環境的因素在治療上是很重要的。提供一些柔軟的玩具、黏土、色筆、色紙、或是沙箱及隨手可及的不同物品，都可以增加象徵性地演出或幻想各種解決方法的可能性。

　　針對當事人的需要，完形會選擇一些成熟及安全的時機來鼓勵他／她做自由及完全的情緒表達。因此，音量的考慮也是一個要點。當事人必須有個適當的房間或環境可以允許他們大聲哭鬧而不需要擔心鄰居會去報警。另外，支持當事人做自我探索的先決條件是要確保其機密性及隱私性。

　　對諮商師來說，諮商室及諮商環境也是很重要的。單獨在空

房子或辦公室裡會晤有暴力傾向的當事人是不負責任的一種行為，而且可能會有反效果。雖說，鄰近的同事、警鈴系統、及滅火器對於新的諮商師似乎無關緊要，但一旦出事了，才會警覺到事前的預備和計畫是可以避免一些災難的。

完形諮商師需要留意到，在初次電話接案或初次晤談時就必須與可能是未來的當事人建立起良好及清楚的接觸。一位言行不一致的諮商師是無法被信任的。但是每一個完形諮商師的風格還是非常不同的。就完形的接案程序來說，可以傳統地像在作精神心理狀態檢查一樣，也可以非常反傳統地在第一次晤談時就讓當事人重現他／她的創傷。評估是否該用完形取向來治療某個當事人，是一個完全要靠直覺來判斷的細膩過程。完形治療師在初期就會先確認當事人是否有意願以這種自我負責的模式來接受治療。而這可能就是最重要的一個準則了。

另一個場景佈置中的重要成份就是諮商師本人，尤其是他／她想要從事諮商這份工作的動機。我的第一個心理分析師常說，只有一種人會被這份工作所吸引——就是那些有個人情緒困擾的人。然後，有兩種人會留在這個工作領域——即那些處理好自己情緒問題的人以及那些沒有處理好的人！

這令人苦笑的評語充分反映出可能影響人們選擇諮商為其專業的內在複雜動機。這種情況在完形領域中是一樣的。所以說，對於諮商師及當事人的防護措施就有賴於這些想進入此領域的人，針對自己成長、心理治療、專業訓練及督導等投資的意願及深刻的承諾，而這些應當是要從事任何諮商活動前的先決條件之一。

嚴重困擾的當事人

　　雖然這本書不是針對處理嚴重困擾病人的諮商師而寫的，但是一般諮商師還是得熟悉一些心理及情緒困擾的模式，才能在接案及晤談時辨識出這些症狀。更何況，諮商師也應該要有心理準備去處理各種可能的狀況，因為有時在與案主建立起穩定的諮商關係後，案主仍有可能會出現這些症狀。而且不管事先是否經過仔細的個案篩選，在接一般的個案時還是免不了會遇到自殺傾向或精神分裂症的案例。事實上，處理外表上看起來有良好運作功能的當事人時，諮商師也常需要在接觸到他們最深層的絕望或他們的「瘋狂面」之後，才能幫助他們從靈魂的黑暗面爬升上來。

　　大體而言，完形治療大多與個人成長歷程或心理健康專業治療有關，但其概念化的架構及治療的方法還是可以被用來治療那些所謂精神分裂症的病人。就算還沒有碰到這類的病人，研讀一些相關作者的書籍，例如：Stratford 及 Brallier（1979）、Gagnon（1981）及 Van Dusen（1975a）等人的著作，將可增進諮商師以完形取向來處理嚴重困擾病人的方法及價值。

身體及醫藥問題

　　評估當事人是否適合進行諮商時，通常需要考慮到他們的飲食習慣、休息和睡眠週期、以及服用藥物的狀況。例如：有相當

多的研究證明顯示，很多因焦慮症狀來求助的當事人是因為他們的身體或心理對咖啡因的一種反應（Lee et al., 1985）。只要停止喝咖啡，其焦慮症狀就可以奇蹟式地改善。詢問當事人有關其完整疾病及醫療的歷史是絕對必要的，以免發生下列的情況（真實發生過的案例）：有一位諮商師持續處理一位當事人「憤怒的頭痛」狀況，卻忽略了要他去醫生那兒做檢查，這位當事人一直到最後死於腦腫瘤之前卻還是繼續接受這位諮商師的諮商。

第三者的契約

　　新手諮商師常會遇到的一個問題是，總會有人來訴說他們的親人或朋友需要諮商。因著這些人對他們所愛的人的關心，他們甚至會建議諮商師：「一起吃個飯，藉由吃飯的機會與我的先生談一談，或許他會因此比較信任你，願意進一步接受諮商跟你談他酗酒的問題。」通常完形取向的諮商師是不會接受這種邀約的，因為完形在哲學上及治療上的假設都是，人們可以為自己的選擇負責，而以不誠實或誤導的態度來開始諮商關係會違反完形最基本的精神。一些諮商師可能會藉此機會來解釋責任的本質以及他們工作的方式，但會堅持當事人要直接與諮商師連絡。另一個選擇（在眾多的選擇中）則建議使用聯合的諮商，也就是邀請系統裡的雙方來共同探討，他們是如何彼此維繫著這種失功能狀態。例如：在諮商界流傳著很多這樣的故事，就是酗酒的先生在停止喝酒以後，太太反而離他們而去。這就表示了先生酗酒的問題對太太而言是有一些功能的。這只是眾多例證中的一個，所以把案主的物質或社會系統也納入整體努力的一個方向是很重要的。

　　多數諮商師不會去諮商吸毒或酗酒的個案，除非他們本身有

受過專業的訓練或是在專門的機構工作；而在專業的部門裡，也可以較有效率地使用完形治療來處理這些當事人。

文化因素

接個案時常需要考慮到文化的因素。舉例來說，有些可能的狀況是，一位亞裔的當事人很可能會偏好同是亞裔的諮商師，或是一位男同性戀者很可能會較喜歡一位男同性戀的諮商師。雖然此書無意對這些重要議題有深入的探討，但是對所有的諮商師來說，多去思考其本身的價值觀、社會階級、宗教、政治或性態度如何影響到他們的諮商實務是非常重要的。

完形是一種人本心理取向的諮商，所以諮商歷程中，價值觀是有意識地及有意圖地被運作著。大部分的完形諮商師若對案主的議題有明顯的價值取向，不會聲稱自己是態度中立的。當然不同的完形諮商師也有不同的情況。我所知道的一位完形諮商師就拒絕了一位求助於減重問題的案主，因為這位案主常利用空閒的時間在其所居住的領土內追趕、打跑那些巴基斯坦的小孩。另外一個例子是：一個有嚴重憂鬱症的男人，一直和他十四歲的女兒有亂倫關係，但他不單逃避去看到這兩個層面的關連，還堅決宣稱此亂倫關係不會危害到他的女兒，所以他也不會停止。這位諮商師最後拒絕繼續治療他，把他轉介到另一個機構。

不管諮商師的工作地點在哪裡，他們都必須遵守法律及倫理的原則，或是要警覺到不同選擇的後果是什麼。但若是牽涉到他們自主範圍內的一些考慮，可能就得依照著他們的良心來作決定了。例如：在軍隊或羅馬天主教所管轄區域內工作的諮商師可能就會面臨很多價值的衝突。希望這樣的問題情境能夠因著督導的

協助獲得一些幫助。

特定程序

去敏感（或低敏感度）是常發生在諮商初期的界限干擾（相對於知覺）。它常見於嚴重失功能及被剝奪的個案上，或是一些也需要其他專業介入的情況中。然而它也與個人與他們知覺疏離時的情況有關。

緊急處理的程序與急救的知識

在嚴重及緊急的危機情境下，諮商師知道如何實施急救及迅速地連絡有關支援單位是很重要的。而在其他情況下，完形諮商師也可能需要成為緊急狀況或醫院的團隊成員之一，那時就得要具備各樣的技巧、經驗與資訊。所有的諮商師都必須知道並熟悉基本的急救程序，例如：口對口人工呼吸、哈姆立克急救法（Heimlich）的操作（可用在哽噎時）、及復甦姿勢（可用在昏倒、癲癇發作的復原）等等。這種急救技巧諮商師可能在他／她專業生涯中就只用那麼一次，但當下一定會因為具備了此種技巧而覺得非常有價值。除此之外，有了這種基本的急救技巧也可以讓諮商師在每天的工作中更具信心且更專業。

與其他專業的合作

在考慮與任何當事人建立一個長期諮商關係時，也要想到與其他相關專業人士合作的狀況及可能性。專業的指導手冊要求諮

商師不能在沒有接受其他同事諮詢的情況下，為已經有接受其他心理治療師或精神科醫師治療的當事人進行諮商。和其他醫療同僚們的合作不單可以得到有關精神心理的諮詢，還可以有緊急的醫藥支援或是住院協助。而與其他可能相關的專業人士建立關係（或許是社工人員、婚姻諮商人員、或其他同業（homeopaths），可以減少當事人以一個專業對抗另一個專業的機會，也可以讓彼此的協調更有成效，甚至可能會透過合作管道開發出一些有創意的方法使得所有的相關人士獲益。

　　當 Olive 被轉介給我時，因為憂鬱症所伴隨嚴重的行為遲緩（motor retardation），她幾乎無法把一隻腳放到另一隻腳前面。她的語言能力嚴重受損，而且因為常沈緬於白日夢的狀態以致於她無法整理許多片斷的思緒。她是一個中年寡婦，被自己的小孩長期忽略，獨居了好幾年而逐漸衰退。最後鄰居們請來了她的家庭醫師，這醫生開了抗憂鬱藥並且建議她去找諮商師。因著身心的需要長期被剝奪，她無法跟我做完的接觸。事實上，在諮商的架構下我無法提供她所需的質與量兼具的人性接觸。於是我介紹一位住在她家附近、合格且有口碑的按摩師給她，讓她接受每週二至三次的按摩。另外還與我有固定時間的晤談。漸漸地，她的憂鬱減輕了。在按摩的醫治服務下，當她體內的生命能量重新得力時，她與我口語互動的意願及能力才逐漸進展，進而才開始有能力步上自我探索的旅程。

感覺的定位（Sensory Grounding）

　　James 在他工作的招待所受到一位青少女的肢體攻擊之後被轉介過來。在被攻擊之前，他曾經與這位年輕人建立了喜愛與信任

的關係，而且當初，該招待所的負責人考慮要把她驅逐出去時，
James 還幫她求情。因此當 James 抵達諮商室之前，他已經在震驚
的狀態當中了，而且很快地開始有恐怖事件重現的徵狀，如同遭
受過強暴及意外的犧牲者所會出現的創傷後症候群一般。在晤談
結束前，他還是無法回復到原來正常的意識狀態。此時，一些可
以幫助當事人回到以知覺為本（ground themselves in their senses）
的技巧、問題、或身體接觸可以幫助經歷過嚴重震驚的人們重新
導向。例如：輕輕地碰觸他的肩膀，伴以堅定、清楚的語調稱呼
他的名字來建立一些大略的確認。可以使用一些簡單的問題：「你
叫什麼名字？」「我的襯衫是什麼顏色？」「你看到了牆上有幾
幅畫？」之後，依著不同的關係、情境、個人、及諮商師的診斷
敏銳度，可用一些簡單的指示來轉移當事人的注意力到知覺上，
例如：「James！站起來！」「繼續呼吸！」「感覺一下你右手的
皮膚！」

使用創造性的媒介

　　針對那些不太會表達的當事人，使用一些創造性媒材，例如：
剪貼畫、指畫、沙箱或布偶，不單可以變成一種溝通的管道，還
可以在建立諮商關係的初期讓諮商師更有影響力。當然，這些媒
介也可以成為彼此對話的工具。

　　Davy 是一位三十歲的工人，他在與他的妻子發生性行為時，
有射精的困難。當他是個小男孩時，他曾被學校同學及老師們取
笑及羞辱。這年輕人與諮商師的溝通大部分是透過他在大張紙上
的畫作，因為他可以使用的字彙有限，而且不太能夠談論他的感
覺。在一次特別的機會裡，他畫了一幅學校校園的景象，諮商師

問他是否可加入他的畫，在畫中明顯空白的地方下筆。他答應之後，諮商師畫上了生氣黑色的雲。最後，這位案主象徵式地放火（用鮮橘及紅色的顏色）燒了這個學校校園，然後把這幅畫撕成了碎片。之後，他很愉悅地抬起了頭。這是他有生以來第一次用自己的方式表達了攻擊的情緒——雖然只是象徵性的——而且他的攻擊是針對他過去所受到的羞辱。這也是他與他妻子關係的一個轉捩點，連帶地，他的射精問題也解決了。原先這個當事人似乎很有可能需要做很多次的諮商，但是他只接受了六次的晤談諮商，而且達到了他原先的目標。

當然，媒材的使用，對於那些很會講話及那些習慣於分析感覺的人，或是喜歡用合理化或強迫性口語來減低感覺的當事人，也同樣是一種解放。Dan 是一位哲學教授，他常使用優雅的辯才來為複雜的實證主義邏輯做辯解，然而他卻有一種對於自己生命感到無意義的感覺。因此讓他坐在地板上，使用麵團來代表他內在的空白與空虛，就成了他重新自我發現的管道。

重新建立起愉快的回應

在處理某些情境時，例如：那些受苦好幾個月，或已經失去人生趣味的重度憂鬱症病人，完形諮商師需要有些創造力，並且不要害怕嘗試一些不尋常的實驗。我所認識的一位完形諮商師帶著他重度憂鬱症的案主到花園裡，並且找機會跟他們玩些他們小時候愛玩的遊戲。另外他有時候還製造一些新奇的經驗，例如：陪伴他們到好玩的遊樂場、馬戲團或是特別又很棒的熟食店裡。

諮商師以自我爲工具

對於一位完形取向的諮商師而言,在與當事人初次晤談前會有很多的問題。而更重要的問題是:「我要從哪裡開始去接觸這個人?」「當我們開始對話關係時,我要如何對這個陌生人呈現出我自己呢?」對於 Hycner 來說:

> 這就如同必須要走在「為這些人負責」及「對這些人負責」的「狹窄屋脊」之間。這樣的立場在一開始時,諮商師似乎必須負起發展出一個真誠對話關係的責任,但只為建立起一個真誠的連結。而在這樣的氣氛之下,接下來,當事人及諮商師最好能為自己負完全的責任。(Hycner, 1985: 34)

任何一種存在取向的治療,例如完形,強調的是諮商師全人的呈現。這種強調諮商師在治療關係中要展現出人的真實面,與心理分析取向所強調分析的立場是最重要的不同點。完形諮商師會分享觀察所見、情感的反應、先前的經驗、創造性、直覺等等(Yotef, 1988: 25)。然而 Yontef 強調,諮商師必須在最有效的時序裡去探索最重要的議題,以及在最適當的時機中分享任何個人經驗。

所謂的真誠並不表示在沒有尊重當事人的需求、發展層次、以及是否準備好的情況下一味地用誠實與自我表露來疲勞轟炸他

們。完形治療師會即席地、真誠地依著不同的當事人、不同的諮商歷程階段與他們做不同的互動。顯然地，諮商師的工作是要去滋養別人，而不是去傷害人。換句話說，諮商師儘可能要避免把自我過去的未竟事務投射到當事人身上，而且能在自我支持的同時又能開放自我，接受從別人那兒來的挑戰、探索及支持。完形取向的諮商師發展的是一種全面性的關係，包括了每一個當下的片刻，但也包括了不可分割、持續性的時間層面。

　　這本書的目標之一是要說明整個諮商歷程如何對照出完形覺察的週期。據此，一些可能會發生在某些特定諮商歷程階段的議題或問題會被簡略地做些探討。當然，有些特定的議題或問題也會在其他階段發生。同樣地，有些問題或議題可能也會凸顯在特定的當事人／諮商師的合作關係中，因為我們無法期待人類，和諮商關係會照著順時鐘方向運轉。在每一次的諮商晤談中，若能針對所使用的實驗或技巧與當事人作一個探討或描述，或許會對諮商關係特別有用。

　　下一章的主題是諮商關係的開始及覺察的功能。

6 覺察以及諮商歷程的初始階段

Tenno 通過他的見習之後，成為一位教師。有一個下雨天，他穿著簑衣，帶著傘去拜訪 Nan-in。Nan-in 在問候他時說：「我猜你把簑衣放在門廊上，我想知道你的傘是放在簑衣的右邊還是左邊。」

Tenno 非常地困惑，沒有辦法立刻回答。他瞭解到自己仍然無法在每一個時刻裡實踐「禪」（覺察）。於是他成了 Nan-in 的徒弟，而且繼續修行了六年才達到開悟的境界。（Reps, 1971: 43）

覺察不舒適：處理主訴問題

要隔離出人類歷程中的開端幾乎總是困難的。大部分的事件似乎都與前面的事件有關連，而前面的又與先前的有關係。因為受到 Kurt Lewin（1952）場地論的影響，完形對於這些系統間的相互關係特別地敏感，要求當事人從頭開始似乎是件不可能的任

務。不管他們（或是諮商師）選擇從哪裡開始，它本身就是一個開端——甚至針對婚姻關係的當下狀態作最新一段的敘述都算是種初始的交談。然而當我們要把現實中複雜的人類生活分段時，所謂的起始常會是覺察中最新鮮、最尖銳及最沒有偏見的時刻。那可能是：當這個人走進來時，從對方眼中溫暖的第一印象而形成了關係中基本的信任；或是對雙手環胸防衛性的姿勢而有最尖銳的感覺。這樣的感覺常在任何分析、瞭解或詮釋之前就形成了。當然，我們承認引導一個人察覺到他／她需要去尋求諮商的決定是非常複雜的，而且這可能是考慮再三的結果。

在我們的文化中，教導小孩子如何刷牙、保持身體乾淨、以及在性關係方面許多詳細的指導是被接受的。但在學校課程中，常被忽略的是有關情緒教育的議題，例如：如何因應失敗、或是如何處理憤怒、害怕和傷心等情緒。我們的文化並沒有假設小孩們自然就會知道如何預防蛀牙，但卻期待他們應該會知道如何預防好奇心、自發性及精神的頹廢朽壞。對於那些定期看牙醫的人我們把他們當作是模範，但對於那些崩潰哭泣的人們，我們把他們當成是娘娘腔或是懦弱的人。對於那些照顧自己情緒需求的人，或是尋求有關健康情緒功能資訊的人都還是被這個社會貼上了污點標籤。所以有些人偏離或解離的情緒（特別是針對性方面的覺察及情緒的感覺）都被其所處的文化所制約、甚至被酬賞所增強，而對於痛苦及害怕的覺察卻被視為是懦弱。

Wendy 自從出世後，就有一種深切的不勝任感以及無法接受自己的感覺。她的母親生下她時，還是個少女，所以其社會地位及可能的生涯發展都因為懷孕的關係被摧毀了。Wendy 常被告知她是沒人要的、「幾乎毀了她母親的子宮」、以及她應該覺得慶

幸自己沒有被拿掉。母親對於 Wendy 有著很矛盾的感覺：混合著怨恨、極度的要求和持續找碴的態度。

　　Wendy 在多次試圖自我幫助後開始尋求諮商。在這之前，雖然她也有過一些嘗試，包括了和藹老師的協助、女性雜誌的激勵、自我改進的努力，但她還是經歷了很多次的失敗。她的問題在於長期的低自尊，這剝奪了她原可擁有的生命光芒、愉悅以及自發性。她一直認為尋求幫助會更證實她的軟弱及無能。所以當 Wendy 真的尋求諮商之時，這並不是她尋求希望的一個行動，而是她感到絕望時採取的行動——這表示她放棄自己了。

　　Richard 是一位四十歲的會計師，在他長達十年的婚姻宣告破裂時，他開始尋求諮商。他有嚴重的憂鬱症，而且伴隨習慣性的偏頭痛。Richard 的妻子也不清楚自己為何到最後才發現無法忍受這個婚姻，她只是說 Richard 沒有情緒也欠缺親密感。但 Richard 對於她的指控感到非常驚恐，他甚至不太能瞭解她所指的是什麼意思，他從來不覺得他的婚姻不快樂，也相信他們關係良好，而且絲毫沒有察覺到婚姻中有任何不好的徵兆或問題。當 Richard 還是個小男孩時，他就被送到學校住宿，被鼓勵「成為一位男人」，當他發展出適切的社交面時，他內心的小孩也不見了，直到他遇到婚姻危機後，他才開始覺察到這種不舒適感。但對於前一段落所提及的 Wendy 而言，這種不舒適的覺察一直都是她生活中很明顯的一部份。

　　Frederika 決定來尋求諮商並非因為特定的危機或是長期的不滿意感，而是她逐漸覺察到一種對於充分自我探索的饑渴，以及想更進一步發展她尚未被開發的創造力和潛能。她之所以被完形的方式所吸引是因為完形強調創造力及自發性，也符合她自己人

本哲學的觀念,當然也因為這個方式是令人振奮且又有趣。她的幾位朋友透過諮商的協助,展現出一種從很多限制及壓抑中被解放出來的感覺。尤其是一位畫家朋友,他發展出更有活力的新畫風,同時也提升了他個人創造過程的喜悅。對於 Frederika 而言,她尋求諮商的動機純粹是一種「毫無原因的創造性行動」,為她自己創造一個新的情境來激發並促進她個人的成長。所以完形不光是處理問題或是失功能的狀況,它也是關乎一種生命的歌頌。

開端——形成諮商關係

每一位完形治療師,如同每一個當事人,對於諮商開始的形式都會有特定的偏好。有些人在真正相互性的關係建立之前,便急於進入諮商關係並視其為一種親密及連結的情境。在兩個人之間,要有真正的接觸之前(不是基於過去關係的大量投射,或是幻想中的關係),一些對話及試探在現實上是必要的。在還沒有確認其資格及專業地位之前,貿然去信任一位諮商師(或是任何人,例如:婦科醫生或是律師)是很不智的、甚至是危險的。

對於一些人而言,從關係的初期階段退縮早已成為他們長期且可預測的模式。對他們而言,諮商關係的開始可能會被儘可能地拖延,而另一些人則急於進入諮商關係,如同他們常很衝動地進入其他關係一樣,並沒有適度地保護或照顧自己。就一位諮商師來說,完形治療師若是習慣於急著進入關係或是習慣於從關係中抽身,也同樣是因為過去的經驗而被制約了。換言之,他無法允許自己自由地去體驗與另一個人相遇的生動及新鮮感。

每一位完形治療師會因著不同的當事人而有一些特別適合他的方式來開始其諮商歷程。因為對某一位當事人有用且讓他感到放心的方式（例如：詢問其歷史）用在另一位當事人身上，可能就毫無回應而且有破壞性（例如：有人需要藉著承認多年前對他女兒的虐待來卸下他的重擔）。

下面是一個例子，說明了 Jim Simkin（一位有名的完形治療師）如何與一位有經驗的當事人開始一段治療關係：

> 晚安！我想提醒你幾句有關契約的內容，然後建議一個實驗的方式來開始今天的諮商。我相信在完形治療裡沒有所謂的「絕對的應該」。你所作的就是你所作的，我所作的就是我所作的。我確實有所偏好，我偏好你對我直接坦誠。請你記住，這是一個偏好，不是應該。假如你認為你應該尊重我的偏好，那麼那是你的應該！當我問你，你在哪裡？我的偏好是你可以告訴我——或是告訴我你不願意告訴我。這樣我們之間的事務就直接清楚了。任何時候你想知道我在哪裡時，請你問我。我或許會告訴你，或許告訴你我不願意告訴你——因此我們之間的事務將會很直接了當。（Simkin, 1976: 18-19）

要描述一位完形治療師開始諮商關係的典型方法是不可能的，因為真實的相遇是沒有所謂既定的方式。或許最重要的是：從當事人所在之地開始，珍惜與尊重當事人現象學的真實。也就是說，他所述說的一切、或是他對於自己情況的評估都要被當成是真實的，而且諮商師不能假設有另一個深一層的真實，或是認為當事

人所提的主訴問題遮掩了「真正的問題」。這必須要有相當的訓練才能以現象學的態度去面對當事人，尤其是假如這個諮商師所受的訓練是以專家詮釋者的角度，自認為比當事人更懂得他們的心理的話，那麼要換成現象學的態度就更困難了。

　　諮商師較容易透過他或她的自我行為來示範對這種合作關係的一種意願、興趣及認真的承諾，而且把當事人視為是合作者來開始一段互相為伴的冒險。但就算是初次的晤談，都一定會有一些混合的介入方式出現，這些方式可能包括了令人不舒服的新感受以及令人放心的熟悉感。

　　如此，在初次會談中，當事人可以體驗到未來工作的可能方式，而且也應該有足夠的訊息能夠決定跟那位特定諮商師可能的關係特質會是如何。當事人與諮商師將可以知覺到他們之間的幽默感是互相配合的或是互相衝擊的、是否會有足夠的潛能來建立信任感、以及是否有足夠的空間來接納意外。

　　人們傾向於和重要他人重建他們先前主要關係的模式，尤其是與諮商師，而且會以各式各樣的形式出現，例如：當事人常會期盼諮商師去支持一個無力感的自我表徵，或是與之同謀，這也反應了很多人在孩童時期所體驗到的早期無力感。對於完形而言，最重要的是要求當事人在一開始就瞭解到：他們現在以成人的身分要為他們諮商工作的後果負責，而且最終他們也要為自己生命的品質負責。諮商師一方面要接納當事人的自我定義，另一方面激勵他們去看到更寬廣的多種選擇，而所謂諮商師的藝術就是要在這兩者之間找到一個平衡點。的確，假定所謂的「自我」（self）是一個持續再創造界限接觸的當下系統，那麼「人格」就可被說成是個人現階段的限制，以及解放所有潛能的機制。當然，開始

是永遠不會結束的，在每一個晤談之後，或是在每一次工作之後，都會有新的開始，也許是與諮商師發展出更新的關係。

初始（覺察）階段的典型議題

信任／不信任

　　在諮商過程中，可預測的議題會以某些程序出現——這樣的想法是與完形取向理念不符的。這種結構可能會被視為，當諮商師想要自發與創新地與當事人展開新醫療合作關係裡的一種負擔及阻礙。然而，把這種危險性謹記於心後，也可以允許有自信的完形治療師去注意到通則與個別之間，以及全然獨特性與人類共通模式之間圖像／背景的轉換。

　　信任存在於人們相信他們的需求可以被滿足而且不會受到別人或環境的傷害。不信任是堅定地認為環境既不是滋養的、也不是和善的。這兩極的觀念在剛剛開始和正在建立中的助人關係最是關鍵。對於那些在嬰孩期就被虐待和被忽略的當事人而言，所謂「信任」這種禮物很可能因為這早期的傷害而形成持續且扭曲的改變。而對大多數人來說，若要有進一步的自我探索的話，建立起一份堅固的支持力量是本能上所必要的。所以在諮商開始的階段，能建立起當事人早年發展中所欠缺的信任感是極度有幫助的。

幫助與被幫助

　　在諮商關係建立的初期，另一個被注意到的兩極觀念是幫助與被幫助。完形治療師鼓勵當事人要為自己的感受、生命的選擇及行為負起完全的責任。另一方面來說，當事人也必須「接納幫助者」——允許諮商師對他有所幫助。對很多當事人而言，這個階段的重點任務似乎得在下面兩點之間找到一個平衡：接受幫助而不至於崩潰以及在互相依賴的關係中保留他們的自主權。

　　完形治療師實務工作的範圍是非常廣泛的。除了以完形取向為主，以創造性為支點之外，任何一位完形治療師的做法可能會因著情況的不同而有很大的差異，所以任何具體的說明和描述對這般豐富及多樣性的狀況都會是一種限制。當然，多數的完形治療師會與當事人訂定一些合約，其中似乎也會有一個階段是要求當事人學習如何當一名當事人，以及學習如何從諮商師那裡得到最多、最好的東西。對於諮商師而言，這些議題也存在於當下的經驗中：「我能允許這個人碰觸我的內心嗎？」「我與此人建立的關係會改變我嗎？」「我需要冒怎樣的危險與一個當事人形成這份關係？」害怕依賴及希望依賴的矛盾心理也會是開始階段的一部份。當然這些矛盾也會在後面的階段重複發生，尤其是在當事人有更深的探索以及試圖冒更大的危險之時。

　　另一個當事人常有的兩極化觀念是擔心害怕被諮商師的信念及價值觀所掌控，同時又希望能擁有一套信念系統（不論是精神分析或完形的系統）以便在多變的生活中給他們一份安全感及確定性。換言之，人們會害怕失去自我認同，要是他們加入唯一的「完形俱樂部」的話。在另一方面，他們又渴望擁有一個確定且

可靠的生活系統可以幫助他們處理各種情況，而且在任何時間都可以使用。如此矛盾的想法在所有諮商的系統中都會出現。當然，最終的任務是要找到真正的自我——可以加入也可以獨立，可以歸屬也可以分離，可以批評也可以珍惜。前提是必須先劃清界限。

界限與身分

人們處在諮商所能提供的成長歷程初期，常會在自己與他人之間、自己與環境之間、以及自己與身體內部之間的界限出現混淆的情況。一個常見的例子是：Debbie 不知道在她身體的哪個部位可以確實體驗到飢餓的感覺。時間到了，她就吃東西，在她生氣、疲憊或孤單時，她也吃東西。她抱怨說多年以來她沒有真正體驗過飢餓的感覺。人們與他們的身體疏離到某個程度時，會錯誤地詮釋身體的感官知覺，如同 Debbie 的案例，她把焦慮感視為飢餓感。所以當事人會以吃來平息錯誤的飢餓訊息，而沒有去照料焦慮感，如此一來，他們更與他們自然的飢餓感及飽足感的週期疏離了。Debbie 得去發現在身體的哪個部位知覺及體驗到飢餓的痛苦，如此將比較能夠幫助她去經歷個人基本的心理和生理需求，而且能夠跟隨每一個訊號透過經驗週期達到滿足與結束。有一個女人覺得「她的胃非常的低，在她的下腹部的凹處」，解剖學上她指的是腸的下半部。她相信以她的體驗來說，那才是生物學上正確的位置，雖然她也上過解剖學的課，也知道事實是相反的。這個解剖學上的混淆反映出她對內在器官及飢餓——飽足週期知覺上的混淆。

其他會出現的界限問題是機密性及當事人在其他社會系統中與人們的關係，例如：他們的配偶、家人及雇主。在這社會系統

中,所有的人會以不同的方式,或同時、或輪流地支持這特別之
旅的啟航,但另一方面(至少在某些程度上)則又希望破壞它,
或許他們是因為自己所愛的人嘗試著自我支持與獨立而感到威脅。
例如:一位母親很傷心地打電話到諮商中心訴說著她女兒喪失了
工作和唸書的動機,整天待在家裡生悶氣,而且覺得焦慮、寂寞
與失望。這女兒曾有過一段感情、懷了孕,也因為母親的建議而
墮了胎,最後則結束了與她男友的關係。這位母親抱怨說:女兒
相信人們都在她背後說她的不是。

　　諮商師指出了一個事實:這位母親試圖預約及建立諮商關係,
卻沒有經過女兒的同意和參與。所以說她女兒的懷疑確實是有所
根據的,但這位母親不承認這點事實。母親雖然是女兒的傾吐對
象,但同時也是女兒最憎恨的人,而且被指責為她女兒生活之所
以悲慘的禍首。另外在諮商關係開始階段,配偶們也處於這種矛
盾的關係當中,他們也許非常地支持而且希望其伴侶能夠有所改
變,但就如他們其中一人所說的:「只要她不要變成我不喜歡的
樣子就好了。」

　　既然完形取向非常強調個人對自己的責任,諮商師只有在特
殊的狀況或是特別指明要處理的情況下才會去處理其他的家庭成
員,例如:在家庭治療中。Perls(1969b)指出所謂成熟的過程就
是從環境的支持朝向個人的支持。個人離開原來的環境並發現了
有關自我的第一手資料,不再接受他人的權威、不再依靠他人的
讚美或肯定來決定自己的自尊。

期盼與害怕

　　諮商的初始階段大多被視為是一段修通當事人期盼及害怕心

理的時期。遺棄（abandonment）或吞噬（engulfment）這兩極觀念最適合來說明這些因素。多數人與其主要照顧者的早期關係（自我／他人界限動力）多多少少可以被此兩者之一所刻畫出來。換言之，嬰兒與母親之間的界限要不是太沒有滲透性，就是太有滲透性了。在健康的嬰兒／母親關係中，會因著嬰兒的急迫需求而有韻律性的波動，就如同順應完形週期的時間一般。不幸地，因為大多數的照顧者在他們早期體驗了一些被扭曲的健康歷程，所以他們要不是承襲早年被扭曲的經驗，就是以相反的方式想極力補償來對待他們的小孩。例如：在Layla嬰孩時期，她的母親對待她的方式就好像要把她吞噬一樣。母親關切Layla的每一件事情，卻讓自己所有的需求都消失不見了。Layla 的母親沒有自己的存在，單只是透過 Layla 的成就、心情、與人格而活著。任何 Layla 個人的單獨活動，例如：上育兒學校，母親都覺得是一種難過的分離，而且生活的空虛感不斷地衝擊著她。成人之後，Layla出現了邊緣性人格中所有的特質及問題（Masterson, 1976）。當 Layla 有了自己的小孩之後，她覺得有種極大的強迫性需求重複她母親的模式——讓這小孩成為她宇宙的中心。透過諮商，Layla有了一些足夠的洞察能力，她瞭解到母親的融合（confluence）對她所造成的傷害。所以她採取了另一個極端的方式來對待她的女兒：避免擁抱她、製造一些長時間的分離，並且常因過度防衛著黏膩的情況而讓這個嬰孩體驗到情緒上被遺棄的感覺。

　　Resnick（1987）以專有名詞——疏離與融合來形容這些極端遺棄及吞噬的狀況。

　　早期諮商關係中的害怕與期盼很相似地反映出一個人生命早期的害怕與期盼。若是這個人早年主要的關係模式是融合的話，

那麼他可能傾向害怕被人遺棄，例如：擔心諮商師可能在完成工作之前就會搬到另一個城市去；若是這個人早年主要的關係模式是疏離的話，那麼會傾向害怕被吞噬的感覺，例如：他會擔心不被允許有不同的意見、或是發展出自我的獨立。有時候人們表現出要避免被吞噬的行為，藉此來逃避他們早年被遺棄的痛苦；有時候人們則表現出要避免被遺棄的行為，藉此來逃避再次經歷他們早年被吞噬的侵犯。敏感度夠高的諮商師會警覺到這些關係型式的特點，而且會隨著諮商歷程中當事人所呈現出來遺棄與吞噬的兩極狀況而改變他與當事人的工作模式。

實驗範例

　　以下所介紹的技巧可視為是處理偏離的方法與工具。在此書中強調偏離的界限干擾會顯現在完形週期的覺察階段，也會在其他諮商歷程中出現。

學習及練習覺察的連續性（awareness continuum）

　　完形當事人可以學習到最重要的技巧之一就是跟隨著自己的「覺察連續性」。這看起來可能是一個很簡單的過程，但事實上，可能要花費一生的時間來學習。第三章已經定義與描述過「覺察」；至於「覺察的連續性」是指持續改變的意識，尤其是針對自己內在以及在環境中片刻接著片刻的變化所產生的持續變換意識。本章開頭所引用有關禪的故事就說明了因著覺察的失敗阻礙了完全且有功效的運作。持續性覺察的練習是應用現象學領域的

一種訓練。嘗試去專注於每一個新的圖像，而不加上任何的判斷與標籤，讓這些圖像變成沒有任何偏見或預期的關注。人類通常毫無知覺意識地去習慣一些行為、態度及感覺。人們吃東西、做愛、工作等等，然而，就算是用再多的方法和努力，他們仍是沒能意識到、也沒能覺察到他們當下的體驗；他們的回憶是貧乏的、他們的注意力放在每一個地方，卻沒有放在他們隨時消逝的每個當下、那種生命的鮮活之中。所以覺察的持續性特別被設計來醫治這種不專注，以及用來重新找回生命的豐富與活力。

　　在此所要強調的是覺察並不等於反省，因為反省把人分割成觀察者與被觀察者。而所謂覺察的技巧是指時時刻刻保留你真實存在的知覺。覺察圈的練習是指不要排除任何的東西——願望、想法、身體感覺、從環境來的知覺、溫度的改變、自願及非自願的行動、及所有在評斷、標籤、或分類之前發生的東西。它非常類似禪坐中所強調的「專注」，而要學習這個技巧可以試著對所有的每一個經驗開始說：「現在我覺察到……。」

　　這和心理分析中的自由聯想並不一樣，因為它特別包括所有的生理、心理、感官、情緒或口語經驗，而這些組成了整體經驗流動的部份。完形的目標在於延伸至增進身體／心意自我整合的功能，而且要在有知覺的當下去完成。這包括了把可能在無意識或意識之外的東西帶進意識覺察的層面。

使用負責任的語言

　　完形本於一個基本的假設：人們為自己的感覺及行為負責、以及存在哲學觀中強調人不可分割的自我引導能力。這個重點可以透過人們使用語言時的很小細節表現出來。Perls 如同 Goldstein

一樣，強調說話中無心之語會限制其人的導向及行動，因此鼓勵人們欣賞話語的能力。我們對用字的選擇及句型的結構是有報導性的，同時也代表我們內心的世界。再者，從系統的角度來看，它也形成且影響我們現階段的經驗和未來的態度。我們說話的方式常會很正確地反映出我們內在的歷程，所謂的湊巧是很少會發生的。我們說出來的話語反映出我們自己。連一些明顯的錯誤，如同 Freud 所指出來的，經常可以把我們不會去注意到的東西帶到意識層面。

人格這個字源自於字根「聲納」（sonar），它的意思是聲音。因此使用完形取向做諮商的人也會非常仔細地注意人們自然聲音的品質、表達、或是壓抑。透過語言的使用，我們可以拒絕或負起責任；在任何時刻，也可以加強自我無力或是自我導向的立場。在下面這些話語中可以表現出完全不同的主觀世界：「她使得我如此生氣，我只好打她」，相對於「是我容許她的挑釁激怒了我」；「我因著消化不良而受苦」，相對於「我因為緊繃我頸子上的肌肉，所以導致背痛的結果」。這在語言上呈現出來的現象學表徵可以反映出習得的無助感以及個人的意圖。如同前面所提到的，扛下責任不能與責怪自己混為一談，主要強調的是個人的行使能力以及為自己的生命與經驗負責。

在所有案例中一些看起來似乎只是語意上的差異卻會是諮商歷程中很重要的踏腳石。假如是你自己緊繃了你的肌肉、導致了頭痛，那麼你就有可能察覺到你是如何在緊繃你的肌肉。當你能專注集中在這段過程，可能的解決途徑也許就會出現在你與諮商師的互動中。假如是一些神祕的細菌攻擊你或是違反你的意願入侵到你身體裡面，那麼你就完全沒有影響力了，這就成就了所謂

存在的無力感，這也許是一項哲學上的假設，但卻在根本上削減了人的能力、剝奪人們改變他們對情境反應的潛力。

　　Viktor Frankl（1964/1969）在他的作品《人對意義的追尋》（*Man's Search for Meaning*，Perls 認為這本書是另一種形式的存在心理治療），強調人們有能力在任何所處的環境中，甚至在一些他們無法選擇或策劃的情境中選擇他們的反應。我們沒能選擇的也許是情境，但我們可以選擇要如何去回應它。Frankl 用了很多集中營裡的例子：有些人選擇變成不道德的人、背叛他們的朋友以及他們自己最好的部份；另外一些人則選擇用自我尊重的態度（假如不是抱持著希望的話）來回應這些可悲的情境，而且承諾要找到一些意義來讓這些每天悲慘、邋遢的存在變成一些超越性的東西。

　　因此在完形中，當事人被鼓勵去嘗試用自我負責的口語方式來解釋他們的經驗。但在一些變形的完形中，這些卻變成了一套死背的規則，例如：不要說「好痛」，要說「我很痛」。不要說「你弄痛我了」，要說「因著你的行為，我弄痛我自己了」。因著這些死背的介入法，完形的原意都喪失了，就算是這些人學會了正確的表達話語，但他們的經驗仍然只是因著別人的意向而產生的被動產物。邀請當事人改變他們的語言，目的仍在邀請他們要自我負責，不是要遵行另一套外來的指示。

探索非口語的行為

　　完形治療師通常會很鮮明地留意到自己和當事人的非口語行為。交叉的腳踝、咳嗽聲、一邊肩膀比另一邊高，這些全都是諮商歷程中重要的部份，尤其是完形試圖要考量人的整體性並且盡

可能地尋求整合個人的多樣面。非口語行為的探索可以讓當事人特別注意到這些行為，例如：「你有沒有覺察到每當你提到你的母親時，你的眼睛眨得特別快？」另一種方法是要當事人誇大一個特別的動作，例如：藉由邀請當事人輕輕地往諮商師方向踢腳的動作，讓他覺察到他對諮商師沒有表達出來的怒氣。以靜音的方式來看他們自己的錄影帶也會是很有效果的體驗練習，可以幫助他們探索自己的身體姿勢、非口語語言，以及個人所處情境的態度立場。

重新引導偏離（deflection）的精力

偏離是最能干擾覺察的方式——藉由偏離減少了環境對我們的衝擊。個人可以藉由一些很淺顯簡單的操縱方式來學習重新引導偏離的能量，例如：談論自己時，要跟對方的眼神做接觸。有些當事人則需要容許自己去做一些真正能去影響他人的事。有一位當事人說：她真正可以做到這點的時候是在輪到她點酒時，她讓自己從調酒師那裡得到了應有的服務。在過去，她總是被忽略，而讓其他的人擠進來排在她的前面。當事人需要被鼓勵去讓其他人的溝通和回饋——包括他們的愛意與感激——真正傳達到當事人身上。Clara 習慣性地抱怨：沒有任何人會欣賞她。但真正受到讚美時，她通常會輕視它：「喔！那根本沒有什麼！」當她還是小孩時，她常被忽略或是責備，所以她從來沒有學會如何去接納正面的注意力。在她現階段的生活中，要是她繼續偏離這些正面注意力的話，當然她就會把過去固定的完形永遠保留在她當前的關係中。若要去除偏離，則需要當事人放棄一些偏離的習慣，例如：嚼口香糖、自我分心的一些身體動作（抽搐、繞手指頭）或

是習慣性的臉部表情（皺眉頭、眨眼睛），這些都是用來減少他們覺察品質的動作。當他們用心察覺到自己是如何創造出這些習慣的時候，通常有機體的需求就會浮現，「我繞手指頭是為了讓自己知道我是真實的」。

很多人有不同的偏離行為，他們可能接受所有人們所說到有關自己正向的事情，但卻偏離了任何負向的回饋。另一些人只有注意到負向的回饋，尤其當這些回饋是源自於忌妒或敵意時，但卻偏離那些來自於可靠、值得信任的讚美與肯定。一些簡單卻很重要的處理方式是：去平等的注意到正面的訊息、把他們寫下來、對自己重複說一次。偏離奪走了能量，而這樣的能量原本可以幫助這個人得到他／她在生命中想要的東西。直接的接觸——不管是跟愛或生氣、跟食物或是身體的運動——可以增進生命的品質，而且可以確信的是：在時間及精力上的投資會有相等的回報。偏離的能量需要重新導回到原來的目標，而且這些人需要被鼓勵和他們自己、他人、和環境做直接的接觸。煩瑣的文字、抽象的語言或習慣性的自我貶抑絕對要停止，如此才能讓這些人感覺到她得到生命中想要的東西，還有其注意力及能量的投資是與她的報酬相等的。

發展感官的覺察

對 Perls 而言，區分身體、情緒及想法是很重要的。我們大多數的人已經失去了對大部分感官的覺察以及我們身體中前知覺的敏感。我們覺察的喪失通常表示在過去是一種解決的方式。在某些時候，或許壓抑正是一種對那些無法忍受的衝突、痛苦的創傷、或長久被剝奪的解決方法。諮商中，有些陳年的困擾會在這種具

療癒性與真誠關係的脈絡中被帶到覺察的層次。藉著這個方式，此人在身心整體中所遺失的部份會開始重新被尋回。

> 集中注意力在你所有的身體感官上。讓你的注意力穿過你身體的每一個部位。你能感覺到你自己有多少？你的身體以及你自己是以什麼方式存在著？到達怎樣的程度？怎樣的精確性及清晰度？注意到疼、痛、以及你平常會忽略的刺痛感。你能感受到那些肌肉的緊繃嗎？集中注意力在那些部位、讓這些部位繼續緊繃，不要試圖太早放鬆。試著劃出這些部位精確的邊界。注意到你皮膚的感官與感覺。你能感覺到你的身體是整體的嗎？你能感覺到你的頭和你的身體連接的地方嗎？你的生殖器在哪裡？你的胸口在哪裡？你的四肢呢？（Perls et al., 1951/1969: 86）

Perls 定義神經質為：自我的口語概念和自我的感受覺察之間的差異到達某一個程度就形成了神經質。要探索自己或當事人這個部份，最好的態度乃是透過無判斷性及好奇心的實驗來探索，進而發展感官的覺察，例如：嗅覺、味覺、聽覺、真正的視覺與觸覺，不光是在完形取向中是有治療性的，其本身就是值得讚揚的。很多人被訓練成無法自然地體驗味覺及嗅覺的覺察，因此剝奪了他們體驗的意義、強度及多樣性。

在成功地重新建立起感官及敏感度後，一個常見的結果是當事人會說：先前對刺激毫無反應的地方現在卻對同樣的刺激開始覺察到疼痛了。有個典型的例子是一位當事人說：「我以前治療

牙齒時都不需要麻醉劑，可是現在覺得好痛啊！」情緒的敏感度也一樣，尤其對那些從小就學習否認全部情緒表達的人來說，例如：那些從小被父母虐待的當事人，因著經常性的傷害威脅，其情緒也逐漸痲痺。這些人接受諮商治療後，可能會變得比較敏感，尤其是當別人對他們無理或傷害時。但在接受諮商之前，他們很可能就讓這些不合理的事情發生在他們身上。另一個改變的例子是，這些人比較能夠察覺並接收到一些別人或環境中細微的善意、關心及體貼：「我從來不知道當我要求協助時，大部分的人都是這麼和善的。」

促進轉變

　　諮商第一階段的重點放在建立關係，所以這個階段對當事人和諮商師而言可能都是非常令人滿意的。此一關係的基礎通常建立在：對於個人健康及有機體整合的基本尊重上，所以會讓當事人真實地感受到被尊重與肯定。對諮商師而言，這個階段也通常是令人滿意的。大部分的諮商師都知道如何與人建立關係，而且常是因為他們有這樣的特質才會進入這個助人的專業。然而建立關係之後，要轉變到下一個階段是較為費力的，就好比像「蜜月期」已經結束了的感覺。很多諮商師需要一些訓練及督導來幫助他們能轉換進入更深及更困難的階段。

Gary 旅程的開始

　　Gary 與 Jessica 住在一起有六年了，但他發現近兩年來他非常不快樂。雖然他不滿意的情緒持續升高，而且也常幻想若跟其他的人在一起或許可以成就更美好的事，然而他還是繼續留在 Jessica 身邊，因為他害怕孤單以及他覺得有種罪惡感（怕他的離開會傷害 Jessica）。一天下午在大學的校園裡（他是那裡的講師），他注意到了一個公告，內容是有關即將要舉行的一系列演講，講題是「給普羅大眾的心理學」。當時的他對心理學的領域是充滿懷疑的，雖說尚不至於到不喜歡的地步。然而，海報上所提到的演講者之一是他先前接觸過的人，他以前的演講內容是清晰又有趣的。Gary 決定去參加這些演講。在一個傍晚的講題中，他學到了有關第三勢力的心理學，也覺得很多被討論到的概念非常有趣，尤其是一個有關專注在「當下改變」的想法。他先前對心理治療及諮商的瞭解大部分是來自媒體的一些諷刺畫面：躺在躺椅上的病人無止盡地訴說他的過去。

　　在倒數第二場的演講中，他來到一位演講者前面（我自己）並且要求單次的諮商晤談：「就只是看看我是否應該離開我女朋友……不會花太多時間的。」

　　我很清楚地告訴 Gary，我比較不傾向為這麼重要的議題與他進行只有一次的晤談。後來我們彼此同意先訂一次的晤談來探索他現階段的生命中是否真的需要開始一段諮商關係。

　　我們初次會談時，Gary 早到了十五分鐘，等待的時候他在走

廊上來回地踱步，當他被叫進我的諮商室時，他看起來放鬆了一些，但卻有些尷尬。他坐在椅子上，下半身攤放著似乎是放鬆的，但他的雙臂緊緊地交叉在胸前，右手手指則敲打著左手臂上的一個微細圖騰。

　　這些有關第一印象的生動描述，是專注於初始階段而自然提高覺察的特色。很多人能夠以很精微的細節來回憶他們所經驗到的開端，小孩子們也經常被父母親一開始如何相遇的情節所吸引。同樣地，諮商關係的開端始於諮商師與當事人之間在很多層次上的相互感受。跟 Gary 初次會談時，我覺察到他衣服的顏色、品質和質料，包括了一雙相當骯髒的球鞋（trainers）。我可以聞得出來他是個煙槍以及他使用過刮鬍水。他看起來也像是用類似的方式在衡量我。我也覺察到我自己，包括體驗到自己一種好奇的注意、輕微加快的心跳，以及我細微地覺察到落在屋頂上的四月雨。

　　我說出一些我對於他、我自己以及我們環境的覺察作為示範「覺察連續性」的方法。我邀請他說出他的覺察，不管是知識、幻想、視覺、聽覺、嗅覺或是其他的任何東西。當他試著這麼做時，他覺察到了自己想要強迫我或誘惑我針對他的問題給他一個答案，但卻並不想信任或相信我所說的任何事情是可能對他真有幫助的。

　　在初次晤談接近結束時，Gary 分享到：有些人是不需要互惠式的照顧時，他覺察到了放鬆的感覺。他並且繼續簽訂了一個星期一次的晤談。很多時候在晤談剛開始時，Gary 會想要花相當多的時間對我提及他的過去經驗，有時候我的傾聽似乎是恰當的，而且我也瞭解了一些他的故事，例如：另一個 Gary 害怕與 Jessica 分開的原因是經常在他惡夢醒來之後，她會安慰他。但在另外一

些時候，我會打斷他的話，尤其是假如我覺察到有一些其他的歷程需要特別的注意時。舉一個某日午後發生的事為例。當他在敘述青少年時期尷尬的學校生活時，他的聲音變得越來越單調。我聽了一小段時間之後打斷他的話：

> 「Gary，停一下。我體驗到你的聲音變得越來越無聊了，所以我想當你在回顧你生命故事中的這部份時，你現在的狀況到底是如何，發生了什麼事？」
> 「我感覺到無趣……是的……覺得自己很無聊……感到沈重而且有負擔。」
> 「說說看二十歲時的感覺，就好像你現在是二十歲一樣。」
> 「他覺得……」
> 「我覺得……」
> 「是的，我覺得嗯……沈重及無聊。這是我在中學的第一年，我很想念鄉下以及我所習慣擁有的下午自由的時間，而且我很傷心因為……」

就是藉由這樣的方法來提高當事人的注意力，以及針對當下單調無趣的覺察直接引導進入深層感受（失落以及寂寞）的覺察。之後，Gary 很輕易地就瞭解到他對於 Jessica 敵意的依賴，事實上是一種逃避體驗他痛苦的方法。

在這諮商開始的階段裡，因為他有著想要控制我的慾望，但又對知覺到自己在諮商關係中那一種無力的依賴感到憎惡，我們之間形成一種有意識地掙扎。Gary 會用一種習慣性的口語來偏離

他情緒受到衝擊的經驗。這包括了常使用非個人化的名詞「一個人」（one），就如同他會說：「一個人很自然地會感到不好受，當他想到要離開一個很愛他的某人時。」（One naturally feels bad at wanting to leave someone who loves one so much.）

　　我會使用很多種的介入方法來邀請他使用負責任的語言。當我教導他有關「重新得力」（empowerment）的語言心理學時，他那自然的好奇心及學習的樂趣（從他選擇當教師以及他找到我的方式就可知道）在這過程中就成了很堅強的助力。另一個我所使用的介入法是幽默：「Gary，假如一個人感覺是那樣的話，那麼兩個人及三個人對它的感覺又是如何呢？」這樣溫和的揶揄方式對他而言是可以接受的，因為他自己也在其中發展出很好的幽默感常用來逗笑或是攻擊。

　　Gary 對他自己身體的低敏感度也反映在：當他感受到情緒時他就會很想抽煙。他會說出這樣的話來：「為什麼我現在不能有支煙！」因著無法在諮商室內抽煙，Gary 會轉移他的能量在咬他的指甲、敲打他的手指、或玩弄他的衣領上。在多次的晤談之後，Gary 開始瞭解到當他停止以這些方式來轉移焦慮時，他開始覺察到一種面對孤單時極度害怕的感覺，這似乎始於他的嬰兒期。所以把 Jessica 留在身邊是他用來逃避基本害怕的主要方法；而持續地怨恨 Jessica 則是他有機體的本能對於負面合併或融合的抗議。從不舒適的覺察開始，直到他開始接觸到振奮的階段，以及後來為自己動員起他個人的資源，其中的轉捩點就在於他開始願意去體驗其根本的害怕以及為他與 Jessica 不滿意的關係負責。

7 動員及諮商歷程的後預備階段

古諺有云：「當沒有接受刺激時，就沒有覺醒；當沒有被逼到角落時，就無法突破。」（Suzuki, 1972/1974: 157）

動員及振奮

在這個諮商歷程的階段，信任感已經開始建立，不管在諮商情境外或是在諮商歷程中，當事人都已經被帶領進入他／她個人經驗中特定的覺察層面。當事人已經注意到且澄清了其最重要、特別、或緊急的圖像（問題）。

在有效的感覺與覺察階段，當事人更有可能去動員所需的能量和振奮力來處理基本的議題，也能讓他／她的需求在現在或未來得到滿足。這就是經驗圈中的下一個階段，或是諮商歷程中後期的階段。

諮商師在這個階段的工作，乃是要幫助當事人的能量可以在

治療的歷程中啟動，以及／或是幫助他來引導這股能量。所以這時期的重點在人們利用或是驅除能量的方式，包括探索人們用來滿足其需求的無效方式以及在諮商的發現之旅中無法全心投入的阻礙。此章所探討的實驗重點即是有效率且愉悅地使用能量的方法。

在這階段裡，當事人會終止諮商關係的可能原因是感受到原有的痛苦得到了一些解除，或是因為害怕進一步的探索會超乎他們所願意面對的。例如：一位妻子瞭解到，假如她繼續知覺與主張自己是獨立的，而且是一個可以自我實現的個體，那麼她先生對她而言可能就越來越沒有用處了。最後，在權衡之下，對婚姻的投資就因此更有功效地「贏了」她在個人成長需求上的投資。這個階段對有些人來說，也會再次出現主訴問題的困擾，例如：另一次的狂飲、另一次的外遇事件、或是另一次瘋狂的賺錢。這些活動的結果是要耗掉這些人投資在諮商歷程中的能量，而且要淡化掉他們一開始所得到敏銳的覺察能力。

建立一個工作的同盟關係

在諮商動員階段中最重要的一部份是雙方達成可以共事的某種協議或契約。事實上，這是雙向的過程，因為（至少在某些層次上）諮商師為了要能全力投入這樣的合作關係，他也必須被激起足夠的興趣、振奮力、和能量來處理這個案。當然，眾所皆知的是：Fritz Perls 常在接案時睡著了，而且又以此來面質當事人，說是因為他們人際互動中低能量的輸出效應才會讓他睡著。對於

我來說，我並不認為當事人應當提供一些所謂有趣的故事、娛樂或趣味給我，然而我必須要被充分地動員起來才能在我們工作聯盟中感受到與他們的連結。要是一直都沒有這種啟動或預備好了的感覺，這樣的諮商工作一定是有問題的。

　　如同絕大多數的案例一樣，完形治療師會因著不同的狀況而有多樣性的處理方式。在完形實務中，個別的創造性總是超越原則、規定或預測的重要性，而且，任何一位完形治療師傾向從多個可能的回應中，選擇那些最能精確地融入當下諮商情境的方式。因此，制定規則是不可能的，這些規則很可能到最後會被內攝成固定的完形實務操作法。所以，每一位讀者必須謹記在心的是：本書的限制之一是每一個在此書中所使用的例子，也可能被換成另一個案例，而且用相當不同的方式來表達同樣的重點。完形這種特別的諮商取向是需要依著當下獨特的諮商關係而時時不斷更新的。

　　完形實務工作者也有一個反偶像崇拜、極端個人主義、甚至是無政府狀態的傳統。在我的想法中，這樣的傳統導致了在開創以及維持國家與國際層級的訓練和證照組織的困難。對很多人來說，尤其在一九六〇年代，所謂的證照、組織及機構化都是很可怕的字眼。這樣的一種擔心似乎無可避免地是受到 Fritz Perls 的影響（他個人就是一位叛逆者，而且他實務中的一些做法被視為是不專業或不道德的）。因為組織中日漸僵化的現象、對於自我外在權威的接受是跟 Perls 所倡導的：我做我的事，你做你的事的哲學相反的。事實上，完形是因著拒絕心理分析取向的內攝而誕生的。但有時候，這原有的精神已經變成難以分辨了，以致於很可能原來的拒絕也變成了**另一種內攝**，阻礙了其後續的發展、自主

性，以及心理分析帶給我們豐富傳承的影響。

另外，在這個階段歷程中，一個非常重要的部份是：投入一個諮商關係通常意味著需要挑戰到當事人內攝的父母部份。很多當事人非常保護他們從父母那裡傳承來的心理影響。他們可能試圖不去覺察他們所摯愛的父母曾經忽略、虐待或利用過他們的經驗。有時候，當事人即將要與諮商師形成一份真摯的工作關係時，會面臨嚴重的衝突，因為有一個內在的聲音警告他們不要信任諮商師，例如：有個當事人 Rufus 夢到他的母親快要死了，而且用怨恨的眼神指責他為何在她最需要他時拋棄了她。在一個象徵性的扮演中，Rufus瞭解到：他是多麼害怕放掉他自母親內攝而來的訊息。他同時也碰觸到了他內心深處因著自己獨立成長需求，而衍生出來對於母親的愛及保護她的需求。

後預備（動員）階段的典型議題

焦慮／振奮

在這個諮商歷程的階段，焦慮與振奮的兩極化現象通常會被凸顯出來。小孩子常會被告知：「不要太興奮了！」就好像興奮本身是具有傷害性一樣。其中有道理的部份是：人們在興奮狀態下，要是失去一些指引或顧慮的話，就容易產生錯誤的判斷。一般而言，對於興奮情緒的害怕似乎是代代相傳的。雖然大家都在尋求興奮與刺激，並且享受這樣的情緒，但同時卻又害怕它，甚至試圖想要有些內在形式的控制，例如：「我絕不能對這份新工

作抱有太大期待的興奮，以免到頭來是失敗的」。我們表現的好像是：要是我們可以剝奪一些期待中的興奮情緒，那麼失落時就好像會「少一點傷害」。假如某人可以剝奪掉對一份計畫、一個夢想、或一個主意所期待的興奮感，那麼到時候期待要是落空，可能就比較沒有關係了。確實，這樣的傷殺性是較小的，但相對而言，計畫要是真的成功了，那相對而來的興奮也減少了。

我們所處的文化及一些父母為了保護我們免於失望與痛苦而抑止了我們過於興奮的情緒，內攝了這樣的訊息，會阻礙了對新的可能性所展現出的興奮之情——例如：「這種諮商的玩笑是不應該當真的」。就負面的角度來看，父母們之所以會對小孩興奮的情緒感到恐慌，乃是因為他們的身體與情緒已經被自己訓練成痲痹的狀況了。因為小孩子興奮起來是很大聲、吵鬧且刺激的，這樣的喧譁對照出了大人們的生活和存在已經變得多麼的空洞及無趣。有位當事人 Karl 擔心他在面對美麗女人、振奮人心的音樂或一份可以埋首的工作方案時，會表現過於興奮或瘋狂。因為他的母親曾經警告過他，淚水不可避免地會跟隨著興奮而來。這種內攝的訊息就這麼支持著他遠離愉悅感，導致他沈迷於酒精，以及把任何可引起愉悅的反應變成沒有感覺。

完形取向強調、激發、並稱頌興奮的情緒，而且把它視為人類存在最強的創造力與增進生命活力的特質之一。Perls 常常提及焦慮與興奮之間的連結。他說：焦慮在變成行動前是興奮，或「焦慮是**現在與那時**之間的鴻溝。假如你是處在當下，你就不可能感到焦慮，因為興奮的感覺是立即地流到持續自發的活動當中」（Perls, 1969b: 3）。

問題的定義

在這個階段的另一個議題是問題的定義。通常，當事人與諮商師對問題的定義是彼此同意的。然而，有些時候也可能是很不一樣的，例如：當事人 Pete 認為他的問題是缺乏紀律。他相信他必須要把課程所建議閱讀的書全部都唸完才能成為一位好學生。他在大學裡是一位高成就者，但他幾乎沒有花費任何時間在休閒玩樂上。他的父母唯有在他得獎時，才會表現出對他的贊同。父母雙方都不會因為他本身的緣故而讚賞他。像 Pete 這樣的人前來尋求諮商時，也會希望當一名「好的當事人」且得到「好成績」。甚至在他們來求助時，他們內攝的訊息就會要求他們順服並表現良好，而這會阻礙了他們把能量與情感放在基本的需求上（例如：玩樂或是無條件的接納），因為這樣的基本需求並無法得到他們內在父母或外在權威人物的認可。

權力的議題

在這個諮商歷程的階段，常引起爭議以及成長的地方是當事人與諮商師之間不同的權力經驗。完形治療師在諮商的歷程中，會把權力的議題凸顯出來並和當事人一起探索。根據 Melnick 與 Nevis（1986）所說的：完形取向不會藉由破壞性的或計謀性的技巧來產生治療的力量。就如同其他任何的諮商師一樣，完形諮商師是藉由完形的方式來介入其他人的生活，但弔詭的是完形治療聚焦在增進當事人對當下的覺察，而非蓄意地幫助他做改變。在完形治療的理念中，增進當事人的覺察力可以讓他們有重新得力（empowerment）的感受。完形取向並不認為只有諮商師可以獲得

和瞭解有關當事人的真實狀況，諮商師也應接受當事人的詢問、面質與挑戰。

試探關係

　　因為當事人對於關係界限的挑戰，諮商關係會經歷一些嚴重的考驗。這些當事人會藉故遲到、失約、或不願意做一些實驗，而有些人則會隱藏一些訊息來試探諮商關係，例如：他們同時也接受其他實務工作者的協助（例如：另一位治療師）（homeo-path），但是這些其他的治療不單會影響到諮商關係中的身心功能，也會影響到他們外在的生活。

　　假如諮商師沒有被告知有關當事人的一些訊息：即接受其它的治療、服用藥物或一些有待解決的生活變化，例如：破產或懷孕，那他／她只能在缺少這些訊息的情況下與當事人工作，因此幫助便較為有限。諮商師與當事人也需要找到一些方式能夠處理彼此的憤怒、批評、害怕，以及對於彼此的賞識。重要的是，諮商師在情緒上要能夠堅定真誠地承受當事人可能的攻擊。有人這麼說過：「身為一位諮商師，你唯一能犯的真正錯誤就是死亡。」（如同很多完形治療師的陳述一般，這句話不代表是真理，而是對真理的一個挑釁。）

處理抗拒

　　抗拒這個專有名詞很少在完形的文獻中被使用，因為它隱含著當事人會試圖抵抗或拒絕那些可能對他們有利益的事——例如：有關他們的攻擊或慾望衝動的事實。完形假設人類基本的驅動力是尋求意義、好奇心、和發展能力。因此，要是人類完全能夠選

擇的話，可以預期的是他們將會選擇成長及健康的方向，而不會
去「抗拒」這些。

在這個時刻（抗拒），當事人跟他們真實的狀況是沒有差別
的。所謂「接觸的干擾」（融合、低敏感度、偏離、內攝、投射、
迴射及自我中心）過去被稱為接觸的抗拒，可能是受到心理分析
傳承的影響。而抗拒或不情願可以被視為是在當事人必須接受外
在強加在他所謂的「真理」時才會發生的情況。但對很多完形取
向的人而言，抗拒（以一些東西須被克服的形式出現）不是一個
有用的概念，而且剛好跟完形的根本精神是相反的——賞識當事
人的主觀經驗並當作是他們一種現象學上的真理。因此，在完形
中，可能會出現的抗拒是值得被探索、瞭解及體驗的，如同當事
人其他的經驗一樣，抗拒也是他個人歷程很重要的一部份，所以
不會被視為「壞的」或「沒有幫助的」。Polster 與 Polster（1974）
特別強調接納抗拒的重要性，甚至建議說不要用這個詞，因為它
隱含了負面的意義。使用抗拒這個概念會微妙地存有一個基本的
假設：人類會想要拒絕那些對他而言可能是最有價值的東西，而
且他們會與他們的醫治者形成敵對的關連。

把當事人明顯的「抗拒」當成一個指標來思考可能更有用，
那就是她在對抗外來強加在她身上的壓力，為著要防衛她有機體
的整合。因此，在諮商中的抗拒可以被視為一種回饋：那就是諮
商師已經喪失了創造力，已經在僵化的完形裡變成固定、遲滯不
前了。完形對人類的一個基本觀點是：當人們預備好以一種互相
尊重的、療癒性的關係去消化及整合時，便會樂於接受從裡面引
發的生物性改變或是從外面來的挑戰。

實驗範例

底下所介紹的諮商技巧能用在處理內攝。之前已經討論過，內攝是非常常見的機制，會阻礙有效的動員，而無法在循環圈裡合宜且有效的進展。

優勝者／劣敗者的對話（Topdog/Underdog Dialogues）

處理內攝情況最有名的技巧之一，就是要演出其內在所謂的優勝者及劣敗者彼此間的對話。它可以是一種有效的方式來戲劇化內攝的訊息以及有機體的需求這兩股心裡內在的衝突，例如：「你一定要一直地努力工作」，以及玩樂與休閒的需求。優勝者代表個人人格中命令和批判個人日常生活、行為及感情的那一個部份，經常以批評、輕蔑的方式出現，有時候則以非常殘酷的方式呈現，例如：「你這麼醜，誰會想跟你做朋友呢？」優勝者同時也代表我們過去是小孩或成人時，所有吞進來生活中內化的規則與規範：「你不應該講太多話」，「你不應該那樣吃東西」，「你不應該有這種感覺」等等。它通常（雖然不見得一定是）跟成長歷史中父母執輩的人物有關。

劣敗者在完形中是指人格中明顯的犧牲者或被欺壓的那一部份。有時候是個內在小孩的部份（Finney, 1976/1983），亦即被優勝者所大聲訓斥或攻擊的那部份。它永遠是：「保證下次做得更好」，或是因著情況而可能有不同的反應，如不要喝酒過多、不要與人對立、或是不要拖延。通常這些所謂的保證會變成就只是

保證而已。好比新年所下定的決心,通常很快、很輕易就煙消雲散。最後,劣敗者通常會以一種毀壞性的方式讓它的需求得到滿足。例如:Harry 藉著拖延和遲交報告來抗拒努力工作,以致錯過了升遷的機會。同時呢,他人格中的優勝者不斷在內心裡引發爭戰,所以後來 Harry 就會因後悔或陰影而感到畏懼。所以在完形中,一個主要的實驗法就是讓這人格中的兩極做一個對話。最普遍的做法就是讓當事人從一張椅子(或墊子)換到另一張椅子,把心裡內在的對話扮演出來。當然,這樣的對話也可以用來處理夢境中的不同部份、不同的自我、以及幻想中的另一個人、或是人格中的其他部份。透過這樣的對話,這些兩極的部份可能會得到一些解決、協調、瞭解或是永久性的分離。

有關吃東西、咀嚼、消化和嘔吐的實驗

有關吃東西、咀嚼、消化及嘔吐的實驗,通常是被用來覺察當事人內攝的方式。藉由諮商的歷程以及自然健康展開的諮商週期中,使用這些技巧可以幫助當事人更加覺察到他們是如何以特定的方式干擾了自己的生活。

如同先前探討過的,Perls 主要理論上的貢獻之一即在於他對兒童時期口腔發展階段的瞭解。所以有關「攝取」的完形技巧及實驗形式是很豐富的。這些可能是攝取進來的概念、價值、角色、規則或是偏見。而在它最具體的層次上來說:人們的態度就反映在他們與食物的關連上。不管當事人是吞下任何諮商師所說的話,或是倔強地咬緊牙關拒絕接受任何從諮商師那兒來的東西,都可能很嚴重地影響到諮商關係的方向。假如這些有關本質的問題無法在建立諮商關係的階段成功地被提出來,它們將不可避免地一

再發生，而且會在接下來的階段中影響諮商的順利進行。

對得厭食症的當事人而言，可以使用由諮商師餵食的實驗；對一位被動攻擊型的人而言，可以使用要求餵食、攝取、及評價的實驗；對於那些狼吞虎嚥的當事人來說，要他們咀嚼一片麵包一百七十下再吞下去可以引發自我意識、噁心的回應，以及覺察到自己如何藉著快速的吞嚥來逐出／避免問題的意圖。類似的實驗可以讓當事人覺察到：併入或拒絕的模式如何削減了他們現階段的生活與關係。任何閱讀本書的人可以進行這類實驗：藉著逐漸覺察到的歷程，去發現他或她自己吃東西的行為，而這樣的歷程對很多人來說已經變成自動化或是衝突的現象，也因此失去了深植於早年有機體潛在的愉悅與樂趣。

很多人在兒童期就已經被訓練成要吃下任何給他們的食物。他們也許因著微乎極微的養分而留在這種有毒的關係裡面，並且阻止自己把他們吐出來或嘔吐，因為那些東西在當時是唯一的營養來源。因此，嘔吐的反射動作也被嚴重地傷害或是不能使用了。很自然地，所有關於吃東西、咀嚼、嘔吐等等的實驗都要很小心地用在特定當事人的需求上，而且有可能需要醫藥的監控。例如：針對暴食症者的實驗可能包括了在每一次的暴食之後得到諮商師的支持，然後當他們掙扎著要留住他們所併入的東西時，諮商師要留下來與他們一起促進個人的覺察。

有自戀特質的人也可以藉由此類實驗得到幫助。藉著集中注意力在他們吃的過程中，特別是記住他們吃下了什麼東西以及全心去知覺他們是如何吃的，以便學習來解釋他們從諮商師那裡所攝取的東西。

外在化「應該」

　　要成為自主、自我實現的個體，主要的工作之一就是覺察並再次檢驗我們接納進來的所謂道德上絕對必要的那些教條，亦即Karen Horney（1937/1977）所描述的「絕對應該的暴政」（the tyranny of the 'shoulds'）。價值澄清的練習是很有用的，而且他們在情感轉移中會相當自然地浮現，當事人會很快開始說出諮商師應當要如何如何，例如：「溫暖、對於遲到的諒解、自我犧牲等等」。

　　要當事人寫下他們所知覺到、相信、或感覺被壓迫的所有的「應該」也很重要，例如：「你應該為其他人的需求犧牲自己的需求」，「你不應該是性感的」，以及「你應該一直是個模範的當事人或是一個成功的諮商師」。在重新檢驗這些價值時，人們也許仍然會選擇保留原有的部份，但不同的是，這些選擇會是自主的、有意識的和有意圖的選擇，是與個人生活的現況有當下現實的連結，而不再是當事人在原生家庭中存活的一種策略。

扮演

　　完形忠於其心理劇的根源，常會使用扮演技術中誇大經驗的技巧。當事人可能會被罪惡感壓迫，或無法對虐待自己的父母有愛意而習慣性地以「罪大惡極」來指責自己。對她而言，或許以戲劇化及誇大的形式讓她扮演自己內在的審判者是有用的，也可以把它當作是法院內的一齣劇，在諮詢室裡，藉由當事人的聲音把審判者的壓迫情況演出來，直到勾起令人心痛的不公平感。這種技巧是邀請當事人把他們內攝的部份以戲劇化的方式扮演出來，

而不是以羞愧與隱瞞的方式繼續迴避內在的指控。這種把內在壓迫者外在化的方式，可以讓當事人得到一個新的觀點，而且把他們自己跟內攝來的價值與偏見分開。

與內攝的父母分離

完形的目標是：一個自主、有覺察及真實化的個人，能與自己、他人、環境維持良好的、互相滿足的關係。那些在自己的覺察和抉擇之外仍然被父母、學校與宗教的內攝訊息所影響的人們，在覺察到那些訊息對他們生活品質有普遍性及致命性的影響之後，可能必須要與內攝進來的父母分離。但這個程序應當在諮商中最適當的時機才能進行，過早的分離會導致強烈的被遺棄感與失望、甚至會引發自殺的意念。與父母分離所代表的部份意義乃是要放棄曾有過的希望：不管如何，要是你夠好、夠成功、或是夠美麗，父母終究是會愛你的。所以，在這過程中，一定份量的哀傷幾乎是不可避免的結果。Mary 在經過一年多的諮商後，才做了以下一系列的處理：她寫下了所有對母親的忿恨一直到寫滿了一本筆記本，直到她想不出來其他的東西。接著她夢到了母親出現，看到她這本筆記本。夢中，Mary 告訴母親，她沒有權力看她的本子，她對母親吼叫：「我再也不要讓你控制我的感覺了！」

這個夢代表 Mary 開始能體驗自己是一個分開、獨立的人，她能體驗到自己與母親有關的感覺。而下一個階段則是一段時期的哀悼與悲傷，當她真正地接受這個事實，並且深深地瞭解到自己無法從母親那裡得到明智的愛，以及母親如何利用她來滿足她自己自戀的需求。之後，她開始能夠成為一位獨立且分開的個體，而且能夠為自己未來的成長負責，甚至朝向母親可能會不贊同的

方向發展。

促進流動

當諮商工作持續進展時，當事人對於自己擁有的能量會越來越感到自在。她會願意去享受被激起的感覺及興奮感，而這些與她生物性的需求及對於成長與發展的心理渴求有關。她不再浪費她的能量，因為她學習到如何整合自己內在的衝突感受。她可以有創意地使用這股能量來更進一步追求自我的實現。

Gary 的持續旅程

當 Gary 能夠從和 Jessica 的融合中走出來，進到他自己當下真實感受的覺察之時，諮商關係中興奮與動員階段便開始了。在他與我建立真誠工作的同盟關係之前，經歷了一段測試與反叛時期。例如：他會試圖與我爭辯我所說的任何事情。藉著引導這個動員的能量朝向內攝的部份——一位羞辱人及口語虐待人的父親，藉著使用雙椅對話的實驗，Gary 也允許自己把口語的侵略性導向他的父親身上（最先學習的對象）。

> 「我的爸爸從來不太幫忙家裡。他幾乎都在工作，或是談論工作。」
> 「Gary，想像你的爸爸就坐在這裡其中的一個墊子上，

告訴他這些事情。」

「你的意思是要我跟那個墊子講話，就有如它是我老爸一樣？」

「那是我的建議。」

「但是這跟如何幫助我比較不害怕長時間一個人住有什麼關係呢？」

「也許那是另外一些你可以跟你父親商量討論的事情。你能想像他就坐在那邊嗎？」

「可以呀！」

「那麼告訴他當他專注在工作上時，你的感受是如何——……」

「好吧！……嗯爸爸……我想當你工作後回家時，根本沒有注意到我們，你就只有告訴媽你在辦公室的事，或是繼續你的工作，然後要我們不可以打擾你。」

「掉換過來了，Gary……到這兒坐下，然後就如同你的父親會對 Gary 所作的回應一般。」（換到另一張椅子）

「不要光抱怨，兒子，你應該要知道感恩才對……要不是我的工作的話，你哪裡能得到你所想要的東西啊。」

　　之後 Gary 開始咒罵父親，因為他從來沒有給他支持。最後，他的怒氣發洩了，他身體倒了下來，抱住代表他父親的墊子，為著他從沒擁有過而哭泣。

　　這個階段由很多不同形式的內攝所形成。他吞下、吐出、以及咀嚼從我這兒得到的，以及他自己所閱讀有關完形的書。他會因著某些概念，例如：自我負責以及拒絕外在權威的控制而感到

非常興奮。但有時又會全面性地拒絕這個系統，而且厭惡這種挖人底細的（navel-gazing）諮商。而這些，回過頭來看，乃是源於內攝了父親對於脆弱以及有關自我瞭解的輕蔑態度。

我也察覺到他有時候似乎想要把我的話整個吞下去，而另一些時候我又發現他在諮商過程中很難消化我所給他的東西。這個階段，他與 Jessica 的關係也是搖擺不定的，有時他體驗到她的控制，或當他控制她時會感到罪惡感。總而言之，這個階段是一段興奮與變動的時期，有著對彼此越來越多的瞭解，以及具備了 Gary 所能使用的資源去尋求一份在成熟關係中有意義的親密感。

在諮商的這個階段，他離開了 Jessica，彼此有遺憾，也有些許的感激，因為在這段日子裡他們在彼此生命中扮演了重要的角色。

8 行動與諮商歷程的中期階段

禪宗大師雲門（Yun-men）說道：「行則行，坐則坐，
更有甚者，勿搖搖晃晃。」（Watts, 1962/1974: 155）

行動：適切的抉擇和實踐──接觸的行動階段

　　根據 Perls 等人（1951/1969: 403）的觀點，此一階段乃是「選擇和排除各種可能性，積極地面對困境並加以克服；同時，努力尋找方向並加以掌控」。在此諮商階段中，當事人已確認其動機，並且蓄勢待發準備有所行動，以滿足個人需求。此時的治療關係已通過考驗而且成功地確立。

體驗——面對困境

　　基本上，此一實驗階段乃是當事人要「嘗試」各種的選擇、行動、模式、角色和關係型式。當事人須面對或逃避更多的險阻危難。此一兼具激勵性與促發性功能的實驗，乃是完形的核心價值和諮商的主要行動模式。在此階段，諮商師可以邀請當事人去探索各種可能引發的新認知、新感受和新反應。同樣地，當當事人天生的好奇心和心甘情願的冒險精神一經展開後，他也會以一種前所未有的、新的潛力去進行體驗。它強調各種不同樂趣的體會。當事人在體驗過程中所引發的各種新的選擇以及最終的抉擇，正是此諮商歷程中最基本的行動。

　　完形治療者的專業能力經常與其為當事人設計實驗活動時所產生的創造力成正比。實驗所涵蓋的範圍是無止境的，他們可依照不同當事人所面臨的問題難易度，而在不同的諮商歷程中作不同等級的區分（Nevis, in Zinker, 1978; 132-3）。這些實驗要在瞬息萬變的會心脈絡下加以創造，例如：一個有潔癖的當事人，可能會被要求去翻動且弄亂諮商師的書櫃。諮商師也可能支持當事人去做一些挑戰，要她打個電話給自己的父親，並對他說愛他。有些害羞的當事人在諮商室中，一提到童年馬戲團來表演的回憶時，興奮之情溢於言表，這時諮商師就可以支持當事人去運用他自己的想像力或某些小道具，把自己變成馬戲團的班主，並配合地表現一些語調和肢體動作。對於那些唯父命是從的當事人而言，當他說出自己與諮商師的意見不同時，這也是一項主要的、重大

的實驗活動。

　　有效的實驗必須結合當事人的主動與意願，在此二者兼具的最理想狀態下提出。有經驗的諮商師會在最佳的時機下幫助當事人做體驗，即使此一體驗的種子早已在數月前散播了，抑或它只是一種精神層面的想像。此一精緻而有效的實驗往往是獨一無二的，對於諮商師而言，它也是一種嶄新的體會。同一種實驗用第二次時，就有可能會變成空洞的「技巧」，而無真實會心中所創造出的動力、敏銳與活力。能夠給之前未完形的經驗帶來善終的實驗，是要與當下迫切、需要完形的議題相互一致。而考量當事人的特質、能力及其對挑戰的反應力，也是另一個要全面考量的因素。

　　當事人在實驗過程中的另一項重要活動便是移情。情感轉移會蘊藏在大多數的精神治療關係中。所謂移情就是：「病人將其過去生命中對週遭人物的感覺、情感投注於治療者身上的一種過程」（Rycroft, 1972/1979: 168）。完形治療者並不否認移情對治療關係的助益，在傳統重視納入（inclusion）因素的考量下，完形治療者會根據當事人的需求、諮商師對時機掌握的經驗及其專業訓練，來加以利用、強調，或者擴大、縮小運用此一移情作用。

　　當事人過去生活中（例如：當事人童年）重要的未竟事件，經常會再次呈現在與諮商師的諮商關係中；（在較為涵養與豐富的諮商員脈絡下）用新感覺、新態度和新資源的實驗，可以幫助當事人有更好的整合，也將會再一次獨特而完全地整合在當事人的諮商關係中（滿懷希望的）。

從佛洛依德童年依戀會產生情感轉移的觀點來看，我們

可以清楚地理解此一新情境的重要性，但新治療的意義
並非在於舊故事，亦即非「舊瓶裝新酒」。明確地說，
這是一段截然不同於舊經驗的新冒險。治療者與當事人
的父母不同。因此，除非是環境真正有所改變並能提供
一些新的發展可能，否則個人的緊張狀態和阻礙仍是難
以釋放的。（Perls et al., 1951/1969: 234）

中期（行動）階段的典型議題

移情議題

　　完形真正的精髓乃在於諮商師與當事人之間關係的建立，「完
形治療者不太強調一些特定技巧的運用，他們把自己完全投入在
治療情境中，並將個人生活經驗所累積與整合過的專業技能運用
在治療關係裡。有多少類不同的治療者或當事人，就會產生多少
種的治療情境，他們彼此開發自我與對方，同時共同創造雙方的
關係」。（Perls, 1977: 223）

　　過去有人天真地認為完形治療者是不處理移情的，其實完形
治療者不只處理雙方各方面的互動關係，也會處理移情。在完形
中，諮商師與當事人在專業倫理的規範之下，蘊育了各種可被容
許的互動關係，而且這些不同種類、型態的互動關係之間的差異
極大。其中一種就是常被提及的我和你（I-Thou）的關係（Yontef,
1979a, 1979b, 1981, 1984, 1987; Jacobs, 1978）；另一種就是人與人

之間的對話關係（Hycner, 1985）。Hycner提出我和你這一層面與對話方式的不同，後者包含了「我和你」（I-Thou）以及「我和它」（I-It）等層面的跳動轉變（Hycner, 1985: 27）。

　　對不同人格類型的人，具體的限制與界限會因而不同。對於那些具有邊緣型人格特質的當事人而言，諮商師必須表現出自己是一位有感情、有意見，以及有過去經驗的真實個體，這是相當重要的諮商工作；反之，若當事人明顯有自戀傾向（或自我中心）的人格特質時，這樣的諮商方式可能就會產生負向的效果。

　　Hycner 指出，完形的目標之一，在雙方相互瞭解的狀態下，彼此發展出真誠的對話關係；這種人與人之間真實的互動關係，可以在諮商歷程裡的許多不同具有治療性會心的接觸中達成，甚至在諮商的初期階段就出現。基本上，此一穩定狀態的諮商歷程，經常發生在個案解決了許多的內心衝突或修通了與人連結的不當模式，而諮商師也就是在這個時候成為當事人眼中一位真實的人（並持續保持之）。

　　當然，對大多數的完形治療者而言，真實的互動關係依然是諮商歷程中接觸的基石（touch stone），其他先前或後來的證據資料也都是認為如此。曾有一位當事人非常生氣地大聲責怪我，當她需要我時，我卻只顧自己跑去度假，讓她感覺到被遺棄了；在她不斷咆哮、氣憤至極時，我悄悄地接近她並傾聽她、接納她的抱怨；這是她第一次冒險對我生氣，也是第一次令我如此強烈地感受到她內在的需求。等她情緒平復之後，我問她，假如這一刻妳母親在此，她會如何處理呢？此一問題意味著她必須面對自我的投射機轉，同時對它作一真實的檢驗。接下來她回答說，她母親一定會對她施予一些身體上的責罰或是排斥她。如此一來，當

下她情緒激動時，我既未傷害她也未拒絕她，對她自己或我們彼此的互動關係而言，算是一項重大的突破。如今她已能將人際之間的互動關係，從過去預期會有破壞性的狀態下，與當今良性的真實關係中，加以區隔、剖開。

此等互動關係的本質會隨諮商歷程中不同的發展階段而改變。在諮商歷程的初期階段，諮商師必須容忍當事人對其個人的投射作用，以便於「再次呈現」（re-present）先前固著的完形狀態；諮商師若不願提供當事人這樣的機會，將可能會限制其成長的潛能。

反移情議題

新進或缺乏經驗的諮商師，通常會對來自當事人的崇拜舉動感到惶恐不安，有些當事人會認為諮商師太棒了，神奇魔力也是治療、撫慰與智慧的泉源。在這種情況下，諮商師有一種錯誤的反應就是太快將當事人的移情回絕，導致剝奪了他們的想像空間，使之期待落空，其實當事人有充分的時間足以發現諮商師是有弱點的；另一種錯誤的諮商反應，乃是諮商師充分理解、接納當事人的移情作用，導致反移情現象的發生。

反移情作用通常被視為是一種諮商師「對當事人的情感態度，也包含了諮商師對當事人某些特殊行為的反應」（Rycroft, 1972/1979: 25）。當反移情現象或當事人對諮商師的情感反應是涉及諮商師個人過去未竟事件的經驗時，它可能會破壞雙方的諮商歷程及治療關係，而導致諮商師與當事人無法進行當下真誠的接觸。然而，諮商員也可能經歷到一些類似當事人過去之重要他人的情緒、態度和衝動。例如：會出現像殘酷的父親用絕情方式拒

絕當事人的衝動。另一種移情是諮商師與當事人的情緒產生融合而出現了與當事人類似的情緒、態度與衝動。

對諮商師而言，辨識個人當下對當事人的行為反應是相當重要的工作，亦即諮商師的反應究竟是源自於個人過去的經驗，還是因諮商員對當事人有所投射而起的反應。

諮商師使用完形治療法來有效處理反移情現象是因人而異的。在個案處理上，它是難有規則可循。但是，基於本書的目的，在此仍將介紹一些重要的案例提供讀者參考。

Bettina 在諮商室中，詳盡地敘述她的父親如何在農場責打他的僕人，她面無表情地敘述此一陳年往事，彷彿它只是階級歧視制度或雇主權力濫用之下的一篇學術性報導。當我對她說：「妳當時一定感到很害怕哦！妳會替他們擔心！」她的眼眶開始盈滿淚水，並開始真實地出現她個人自身的情感體驗。我會如此回應是因為當她以一種冰冷的語氣談論她的恐怖經驗時，我的胃同時也充塞著許多的恐懼感。

在上述案例中，我運用個人自身的反移情作用，而接觸、捕捉更多 Bettina 的感覺經驗，同時也協助 Bettina 加深接觸個人的自我體驗。

其他的反移情案例顯示，有時也可能因諮商師個人過去的未竟事件而阻礙了諮商工作的效能。Claire 有位酗酒的母親，在克服她自己對一些有酗酒問題的個案進行有效的諮商前，她自己也曾接受諮商以便處理自己的未竟事件。剛開始，她深受童年的痛苦和迷惑所困擾，當她與這些當事人工作時會因而淚流滿面，完全無法清楚地思考。

另一個例子是 Gregory，他在孩童時期受到母親百般地呵護，

當他成年後，更是在事業發展、社交生活以及性關係等方面一帆風順。但他的諮商師卻發現他老是忘了處理付給她的諮商酬勞被退票這件事。儘管她被 Gregory 稱讚，譽為是所遇見過的最好的諮商師，她也不願去面質 Gregory 為何經常粗心忘記晤談時間。事實上，只有在被治療時，當她覺察出自己表現出這樣過度保護 Gregory、不當的照顧反應時，才看到她自己再次呈現的是 Gregory 那位不適任母親的角色（此乃是一種類似補償作用的反移情機轉）。在此諮商過程中，她疏離了自己其實是未受到尊重的感覺經驗，並且剝奪了自己身為 Gregory 諮商師的效能。

逃避議題

逃避是 Perls 的重要論點之一。從某個角度來看，我們總會逃避一些人、事、物，只因當我們將個人的注意焦點置於某些事物上時，其他的事物刺激便成為背景，而且被忽略。諮商歷程中，從過去到現在被當事人所逃避的種種可能的刺激，會在當下變得非常清晰。例如過去 John 一直只注意到自己和母親的各種互動關係，那麼諮商師如何將焦點放在 John 與其父親的親子關係，就成為一項重要的課題。即使此一自我導向（self-directed）的成長模式皆是完形諮商歷程的核心部分，為了避免當事人「逃避」，仍有必要主導。在不損及整個諮商歷程的統整性下，對當事人做一些規範和要求是必須的（Melnick, 1980）。

行動表現

在諮商歷程的行動階段，當事人表演行為的頻率提高了，或許是因為當事人體會到改變是可能的。對個體生物性需求而言，

當他具備足夠動員的能量時，當事人方能將自我從感覺循環經驗中獨立而出；當事人可能具備並動員行動所需的能量，但是仍有可能選擇逃避「完形」。再說，改變本身也會引發個人人際關係上的其它改變，包括工作、婚姻和交友，此一諮商歷程的階段，必須特別留意當事人非預期的懷孕、酒後駕車肇事、突發性疾病或辭職等意外狀況的發生。

　　Perls 不只一次強調，人們對身心健康的慾求，有時是相當矛盾的。在諮商歷程中，而且在這個階段裡，即使真的開始明白轉變是可能發生的，他們也可能會缺乏。對諮商師而言，行動階段的諮商工作也是相當艱困的，因為諮商師可能會自滿於諮商成果，而疏於保持高度的覺察力，以致於只滿足了當事人表面上的身心平衡需求。

認知思考問題

　　諮商歷程中，當諮商師將焦點置於當事人的行動時，也可能引發其認知思考方面的問題。即使是處於諮商傷害中〔亦即心理學上的「膠著點」（stuck point）〕，仍然可以形成、維持一種有效的諮商工作，但前提是當事人必須在認知思考方面獲得充分的支持。認知思考方面的問題，包括「思考取代感覺」、無效的問題解決方法或難以做決定……等狀況，皆必須加以注意處理。有時當當事人缺乏一些簡單的技能時，諮商員也必須教導他，一如諮商員要成為一位好的完形治療師也須具備某些基本的專業知能一樣。

　　Veronica 是一位不知如何下決定的當事人，無論是點菜這樣的小事或是擇偶這樣的大事，她總是顯得猶豫不決。她的父親因此

而看輕 Veronica 的智能，並且懷疑她探索事理的能力。Veronica 這個個案正是需要學習如何做決定及瞭解其抉擇的標準（包括學習運用其想像力），包括一般人視為理所當然的抉擇。此時諮商師對 Veronica 的工作重點應該置於再教育與重新學習。

情感抒發

對大多數人而言，他們之所以尋求心理諮商，主要可能是因為他們難以確認和表達個人的情緒。他們可能會說「我想感覺我的感覺」或「我的感覺總是壓迫著我，令我害怕」。在諮商歷程中，當事人往往會改變個人所熟悉的人際關係，以使自己的感覺更自在，或者表現出個人有別於昔日的風貌來面對自己或別人。當事人的情感生活經常會受到童年經驗，或者受到害怕情緒的父母，或者其他濫用情感長輩的迫害、操縱等等因素的影響，而導致其情感表達有所障礙或扭曲。

Chuck 是一位英俊挺拔的當事人，他的問題出在他認為自己是一個膽小鬼，因此他害怕上戰場。完形非常重視個人、身體和心靈的完整性，因此當你的生命受到危害時，本能地在心理出現害怕的感覺。諮商師如果否認此一身心連結、交互影響的存在事實，可能無法經營出一種有效的諮商結果或好的治療效能。

若想要與自我的情緒有良好的接觸，需要投入整個覺察經驗圈，包括做決定和促發適當的行為反應。真正的完形治療者通常會表達其個人的情緒、情感和感覺，即使是涉及性吸引力的議題或是諮商師對當事人的明顯敵意。在當下的諮商歷程中，他人或道德規範也會捲入其中，我視之為一種個人為了自我表達而須經歷的錯誤反應。對 Ronald 這個個案而言，他自嘲自己是「情感發

育不全」（emotional stunted），當他處在安全的諮商情境與關係中，他可以盡其所能地表達出個人的強烈感受，這是非常重要而有意義的諮商階段。但是，到了諮商歷程的後期階段，諮商師可能會要求當事人學習在某些場合中克制個人的強烈感覺，例如正式的委員會議。因為我們都是活在真實的世界裡，而且尚有其他更重要的目標要去追尋與實踐。

　　情感得以抒發的人將學會瞭解自我的感覺，同時，個人也能怡然自得地與他人共處。他會有彈性地、負責地去採取或避免一些對自己和自己所在乎的人有益處的行動。若是一位諮商師經常要去承受當事人不當的「實驗」衝擊時，自我也會感到沮喪，因為對任何人而言，所有的諮商關係都應該是一種安全的關係。

實驗範例

　　切記，本書探討了一種將諮商循環歷程與個人界限接觸干擾，二者加以整合的可能模式（在各種可能之下）。而在實驗中所引用的媒介物往往與諮商歷程中的投射作用有關。

腦力激盪訓練

　　Margery因強迫性的憂慮症而深感痛苦不堪，當她決定要外出時，便會煩惱瓦斯爐關了嗎？回家時會不會遺失鑰匙等問題；而她說話也如同她的神經質毛病一樣，一再重複相同的慣性行為，她會不斷重複同樣的話，像在原地打轉地繞圈子，以致於旁人無法理解她的表達。其實她的智商很高，但內在的經驗告訴她，她

永遠無法給她母親一個確切的回答，因此每當她在回答一個問題時，她很希望能給一個最正確的回應，然而她同時發現這又不可能是對的反應，她總感覺自己就像是一條羊腸線上所串起一個又一個的可能答案。她將母親對自己完美的要求，投射在週遭任何一位權威人士的身上，包括她的上司、她的諮商員，以及一些特定的朋友。因此，長久以來，她一直持續這類「努力尋找最正確答案」的不良溝通模式。顯而易見地，她像個小女孩一樣，越是努力嘗試，失敗的機率就越大。

具有像 Margery 這樣特質的人，往往會將父母對其完美的要求投射到外界（導致他們創造性的智能與情感受到阻礙）。值此情感抒發與重新消化的諮商階段，諮商員必須設計一些練習和實驗，而這些練習和實驗的重點乃在於展現有趣、吸引力，而非批判、責難和評價其對錯。

腦力激盪練習就是諮商員與當事人一起坐下來，並且鼓勵他針對自己的問題，寫下所有可能的解決方法，即便這些方法有多麼可笑、不切實際也無妨。此時所有的批判和評論都被置於一旁，代之以好玩、有趣及新奇；同時，諮商師也可提供一個矯正性的情感經驗，透過此一真實接觸的諮商關係，挑戰當事人去思考是否接納這樣一個植基於投射性想法且永無止境的要求完美模式。

兩極化實驗

完形治療者嘗試去發現、強調和接納人與人之間的個別差異性，他們的熱情和興趣避免了人性的極端。從現象學的角度而言，完形所要追求的不是去否決個體的差異性，而是將之兩極化；當兩端無法和諧共融時，不妨促使雙方進行交互對話。

　　當事人 Bert 是一位優雅、親切，具有犧牲奉獻精神的社區工作者，他罹患嚴重的胃潰瘍毛病。Bert 致力於服務他人，同時照顧他那年邁、無依無靠的母親。在諮商過程中，Bert 慢慢地確認出自己也有極端的另一面。他發現自己心中同時存在著光明面與黑暗面，他也有野心、暴怒、專制的自我（大男人主義），而他最迫切的慾望便是去拒絕那些想依靠他的人。這位「大男人」最想過著放縱自我的生活，做自己想做的事，不必在意他人的眼光。到了諮商歷程的中期階段，諮商員藉由繪畫、空椅技術和堆沙子等實驗活動，使他感受自己內在不熟悉的那一部分。在此一自我追尋和對話的過程中。Bert 已經能夠發展「大男人」的自我，並且在日常生活中慢慢地學習、整合這些積極和強烈的特質。他開始去探索自我的欲求、不再操縱他人，並且強烈而清晰地在任何當下堅持自我，即使會因此而喪失個人的需要或權益。

　　諮商師會在何種情況下使用此一誘導當事人兩極化的技術呢？「當當事人過度考量個人的每個言行舉止，並且憂慮生活中的大小事情時，諮商師就會鼓勵當事人去過愜意隨性的生活；當他焦急地嘮叨不休時，諮商師也會要他先冷靜緘默一下；至於那些擔心自己會深陷於沮喪情緒之中的人，我們也會容許他不妨讓自己沈浸在那些沮喪的情緒中一會兒。」（Van Dusen, 1975b: 90）

引導幻遊

　　引導幻遊是一種想像力的練習，諮商師指導、激發並鼓勵當事人去探索個人各種可能的新感受、新行為，以便於適應新環境。首先，當事人要接受自己成為一位有別於往日風格的人；接下來，設法在現實中的自我與「想像中的自我」（conceivable self）之間

搭起一座橋樑。有時人類的行動是自腦海中啟動。引導幻遊最基本的效用乃在於協助當事人病情康復。

有一位當事人Nadia，她飽受白血病的折磨。在她的療程中，完形治療師協助她放鬆身體，鼓勵她想像著白血球軍隊正使用光速槍在抵抗所有的癌細胞；同時，想像自己在上廁所時可以適時將這些被自己殺掉的癌細胞排出體外。雖然醫生和諮商師也曾讓Nadia看癌細胞的圖片，但前述清除癌細胞的過程仍是Nadia自己想像出來的。藉由「控制想像」的技術，Nadia自此更加積極地配合、投入在自己的醫療過程，不再像是一位無可奈何的受害者。

夢的工作

夢的工作乃是一項運用相當普遍的完形治療技術，他們認為唯有進行夢的工作時才是真正在做「完形」；或許因為Perls本身是一位夢境治療高手，他經常會以有力、頓悟和轉化的方式來引導當事人投入於個人的夢境中。遺憾的是，這項技術被許多人濫用，這些人都未能兼顧真正完形的理論與方法。Perls並不同意人類的潛意識是一塊不可進入的大腦特區。相對於佛洛依德曾將人類的個性比擬為一座冰山，其中大部分的冰山都是淹沒在水中的；Perls認為人的個性如同是一個在水中翻滾飄浮的橡皮球，無論何時，完形治療者都是用此球出現於水面上的最高部分來探究當事人的當下狀態。

簡單地說，諮商員會邀請當事人扮演夢境裡某一部分或全部的角色，並且和夢境中兩個或更多的部分對話，進而加以詮釋。此乃植基於夢本身即代表一個人全部的看法，Perls一如Jung般，他認為每個夢境皆存在著對當事人有意義的訊息，唯有當事人才

能親身體會其意涵，而非任由外界的專家學者來予以「詮釋」（in-terpretation）。夢境中所有的元素都可能是當事人的部分投射，它們均可被當事人漸次整合、擁有或至少被人所認識（acknowl-edged）。為了增加夢中感覺和象徵的真實性，所有完形的當事人在「孵夢」時，都是用現在式來加以呈現，彷彿是當事人正在做夢一樣。對佛洛依德而言，夢是「通往潛意識的捷徑」；但 Perls 將之視為「通往整合（integration）的捷徑」。

　　Sharon 是一位二十四歲的護士，在諮商歷程的初期，她並未全心投入，原因是在她童年時曾遭受父親的虐待，導致她對權威人士缺乏信任感。當她在「孵夢」時，她的夢境中出現一位被火所困的嬰兒；剛開始，她只能無助地注視著小嬰兒，不久之後，她縱身躍入火圈中救走了那個小嬰兒，並且帶著她前往諮商師的家裡。諮商師依夢境內容，邀請 Sharon 輪流扮演憂心的保護者、害怕的小嬰兒、火圈及諮商師等角色。Sharon 承認夢中各部分情節及其所扮演的角色，其實就是她自己各方面特性的綜合；她認為夢所反映的真正訊息，就好比她是自己心中的那位小嬰兒，渴望獲得自己的拯救，同時，她也能夠信任自己這位內在的諮商師和那位實際的諮商師。

擁有投射的特質

　　完形認為「擁有」（owning）意指個人確認、理解自我意識中早已存在的特質。當一個人能夠從他人身上發現自己一些令人厭惡的特質，這是非常具有啟發性的事（觀照自我）。人經常將自己不喜歡的特質、自己本身否認具有的特質，投射到他人身上，以維持個人的自尊。舉例而言，一位憎恨種族偏見的人，可能是

為了掩飾自我的種族偏見。

　　投射作用本身可能具有正向功能，Tom 是一位飽受低自尊所苦的案主，當他被邀請去對著一塊石頭儘可能造一些句子時，他先是形容它是「堅實的」、「牢靠的」、「大地的」、「可信任的」、「有趣的」和「多功能的」；之後，他又被鼓勵在前述的每個特質前加上「我是」的句首，例如：「我是堅實的」、「我是牢靠的」……等。當他作此實驗時，他驚訝地發現，這些讚美詞，在某些程度上，自己也擁有。Tom 將自己肯定而且出色的特質投射在這塊石頭上，如同他也將這些正向與美好的特質歸諸於自己的工作伙伴。投射作用有時會讓一個好人發現到另一個好人。

賦予自發性成長

　　完形強調讓諮商師在諮商過程中自發性地發展而非剝奪他們的潛能，只因他們總是充滿活力的、受鼓舞的、享受的、有趣的，並且在個人好奇心和迷惑中，悠遊自在。「這樣的態度將使人成為學習者，並運用各種假設的自由，而非固著於陳年往事或慣於自以為是。」（Zinker, 1978: 13）

Gary 的夢

　　在此以 Gary 為例，說明完形治療的諮商歷程。Gary 在諮商中期階段所採取的主要抗拒接觸方式便是投射作用。如今他很積極

地投入在自我追尋（self-discovery）的實驗中，他變得更加信任自己和我。在此一諮商階段中，Gary 有時會將他自己認為是一位無趣又不好玩的人，諸如此類的批判投射到我身上，同時認為我可能會想去接觸那些有趣的當事人。他也認為我會對他具有這些破壞性的憤怒而心生恐懼，並且他也想保護我以免受害。我讓他做了一些練習，以協助他擁有自己所投射出來的特質，例如：「我對自己感到厭煩，我想變成一位更加有趣的人，我對自己的破壞行為感到害怕」；如此一來，諮商漸見成效。

　　到目前為止，Gary 深信他的惡夢是來自於自己消化不良與酗酒過度的結果。在此同時，他作了一個夢，夢境如下所述。我對他進行夢的工作，藉此來改變他心中對夢的看法：

> 我開著一輛黑色的貨車沿著一條黑暗、兩旁植滿樹木的道路上行駛。忽然間我發現前方路上躺著一隻不知名的小動物，我一時之間剎不住車，很怕會撞上右前方那個可憐的小東西，最後我把方向盤扭向左邊並打滑駛出了道路。當時剎車故障了，我整輛車彷彿要衝向懸崖邊緣，最後有一塊大石頭擋住了我，並發出可怕的撞擊聲，我終於停了下來。我下了車並在樹叢中艱難地前進，那小動物還躺在那裡。當我蹲下來時發現是隻全身沾滿污泥且跛腳的小貓。就在此時一輛傢俱搬運車朝著我們急馳而來，而我的腳就像黏住不能動似地無法逃離這致命的道路。
>
> 續夢──之後我夢到在夜深人靜時，我在床上熟睡著，突然房外走道傳來奇特的聲響吵醒了我。我很害怕，但

仍下床朝著聲響處走去。當我走到了黑暗的走廊時,突
然被前方成排的有刺鐵絲纏住了脖子,當鐵絲把我的頭
割下時,前方有著一個危險的幽靈對我的死亡得意地笑
著。接著我在尖叫聲中驚醒。

Gary 在多次場合中提到這個夢境,每次都能得到更多的覺察
和解答。其中一次就是在全身是污泥的跛腳小貓和傢俱搬運車之
間的當下對話中。Gary 躺在地板上,扮演著那隻受傷的小貓,朝
上用著恐怖的叫聲對著大卡車吼著:「停下來,求求你,你會殺
了我的!」透過這隻小貓,Gary 看到自己投射在它身上的害怕、
脆弱和容易受傷的自己。他讓自己投入痛苦和恐怖的感覺中。

這讓他重新體會到他曾經歷過的多次車禍。雖然這樣的體會
並非經常發生,但往往會在他情緒低落或匆匆忙忙時產生。當他
意識到自己內心深處有多麼希望死亡時,這自我毀滅也就成了他
困擾的核心。Gary 回憶起自己的母親在生下他之前,曾有過多次
的流產經驗,在生下他之後亦是如此。

在第二段夢的工作中,Gary 以鐵絲的觀點重新敘述這個夢
境:

我是一根繃緊、尖銳且生鏽的帶刺鐵絲,而且我被釘在
Gary 家中的走廊上,只要他在黑暗中朝我走來時,就會
被我割斷脖子。即使我沒有能力移動,但我會盡忠職守
地做好我份內的工作。這邪惡的傢伙帶著我潛入屋內並
藏在黑暗中等著執行任務。屋內有一個柔軟的拉網,當
風將它吹向我時,會發出輕微的響聲,當它吵醒Gary 之

後，我就看到他朝著我這個方向前進。我想要警告他，但那個邪惡的傢伙在黑暗處等著他。Gary 急忙地走向走廊，當他碰到我時，我把他的喉嚨切開，接著他的人頭就落在地板上。那邪惡的傢伙嘴角帶著勝利的微笑，但我恐懼地看著我所造成的後果，並充滿悲傷和同情。

化身為邪惡的傢伙時，Gary 這般地敘說著他的夢：

我是一個躲藏在一般人外貌下黑暗邪惡的力量，我想要毀了 Gary，只因他該死，他沒有權利活下去。所以我在他房外設計了陷阱，現正等待要置他於死地，當風吹向鐵絲陷阱時，就會發出咻咻的聲音，我聽到 Gary 有所動靜，當他匆忙著走向走廊且被那致命的鐵絲切斷頭顱時，我難掩興奮地笑了出來。

完形夢的工作進行至此，Gary 開始低聲啜泣，當我握住他的手好一陣子之後，他提到自己在剛才那一瞬間終於明瞭一件事，夢中那一個代表邪惡、毀滅的傢伙，其實就是當年那位受父親虐待、內心中充滿了殺人敵意的自己。透過這些角色：邪惡傢伙、傢俱搬運車（憤怒力量）、脆弱的小貓，以及受驚嚇的人，Gary 終於獲得大大地解脫，同時增加他的自我統整感。在接下來的幾個禮拜中，他告訴諮商員自己那容易動怒的毛病，以及對朋友、同事經常出現的火爆脾氣皆已大有改善，同時也降低了不少個人的焦慮感。他現在心情較為平靜，而且不再為惡夢所苦，他感覺自己變得更加堅強，像個成年人了。

在眾多完形治療法的技術中，我們使用夢的工作來處理諮商歷程中期階段的議題，同時探索 Gary 那層身心分離的兩極化現象。此一兩極化作用，對 Gary 而言，一方面他渴望能和自己才智相等的夥伴發展圓滿的關係；另一方面這也與他的性慾有關，Gary的性傾向使他沒有意願、也沒有耐性去投資與他人的關係，正因如此，他也無法從此類關係中獲取他真正需要的東西。在諮商歷程的中期階段，Gary 和我都瞭解他確已穩定下來，而且他的感覺、想法、行為均與數月前不同，他的自我認知也已大幅提昇，他也開始懂得如何運用完形來探索自己在諮商室內及諮商室外的經驗。

9 最後接觸與諮商歷程的最後階段

和尚：「如何才能獲得解脫？」

高僧：「一開始就未曾受到束縛，又何須尋求解脫，善
用之，善為之，如此而已。」

（Suznki, 1972/1974: 98）

後期的接觸：充份又完全的接觸——解決僵局

　　Perls 等人將此一連續性背景與圖像抉擇歷程的最後階段稱之
為**最後的接觸**（**Final contact**），並視其為「接觸的標的」（goal
of contacting）（1951/1969: 416）。當圖像既明顯又生動時，背景
似乎就不存在了。

　　最後的接觸階段是難以描述的，因為本質上它需要具備更多
解釋與分析的經驗，或許可以將之比擬為 Maslow（1968）所謂的
「高峰經驗」（peak experiences），也可視其為一種經驗的整合

或是悲傷、憤怒、愛、洞察或啟發的極致現象。通常一個人無可避免地會因受到此類高峰經驗的影響而成長改變。

　　諮商歷程最後階段的特色即在於自發（spontaneity）與專注（absorption）。此時，與諮商問題有關的背景或情境資料或已加以探討、或已加以過濾，而其憂慮的問題也隨前述諮商歷程的發展有了改善。此一階段，諮商員可能已獲得案主的接納，甚且解決了個案的問題。

　　無論如何，當進入最後的諮商歷程與案主接觸時，瞭解一下Perls所主張的五層神經性症狀（the five layers of neuroses）會比較有利。Perls 將第一層接觸視為**社交層**（**cliché layer**），它代表了人際之間表象、淡淡之交的互動層次，包括一般性的交談寒喧、製造話題及打招呼，或是禮貌性的握手行為。第二層接觸是**作戲層**（**game layer**）或**角色扮演層**（**as-if layer**），每個人都顯現出超乎實際的仁慈、聰明或無助，此一層次的人際接觸是充滿了作戲色彩和各式各樣的角色，例如：「偉大的醫生」、「糾纏不清的人」、「自我殉道者」、「硬漢」等。當個人卸下前述角色時，人際之間就會進入到第三層接觸的**僵局**（**impasse**），此時個人會體驗到那種擔心自己會被束縛或迷失、空虛的感覺，Perls 認為，大多數的人會極力避免自己去接觸此一層次，因為他們會擔心受怕，因為他們會不斷想盡辦法去逃避為自己的生命負責。Perls 指出每一位神經性症狀的患者皆有著俄國人所謂的「病癥」（sick point），此即為完形學者所稱的「**僵局**」（**the impasse**）（Perls, 1975: 13）。

　　每當面臨存在的困境時（這裡所指的並不是無關痛癢的

障礙），當事人就會陷入漩渦之中，他會變得驚慌失
措，耳不能聽、口不能言，不願脫離此一強迫性、重複
性的漩渦（the merry-go-round）。他確實會感受到一如
丹麥哲學家、神學家祈克果（Kierkegaard, 1815~1855）
所說的「病至死（sickness unto death）」的感覺。在此
一存在的困境中，案主因缺乏任何支援，無法獨立應付
生活挑戰；有時則是案主自以為無力面對困境。（Perls,
1975: 13）

第四層接觸為死寂層（death layer），或稱之為**內爆層**（**im-
plosive layer**），個人呈現出麻木的狀態或呈現出恐懼死亡的狀
態。

此層次之所以用麻木狀態來顯現，係肇因於二種對立的
力量互相拉扯、癱瘓，亦即它是一種緊張性神經分裂的
癱瘓狀態。人們慣於武裝自己、擠壓自己，終至於內
爆。一旦個人真實的接觸到內爆的枯槁狀態時，有趣的
事於焉而生。（Perls, 1969b: 56）

諮商歷程的最後階段旨在協助個人通過僵局、內爆層而至於
外爆（explosion）。藉由此一真實的外爆（或宣洩式的表露）
（cathartic expressions），個人可以開始努力於整合那些與真實自
我核心息息相關的過去情境。此類外爆可以經由個人低聲啜泣及
嚎啕大哭來完成反應，以期慰藉、體驗那些生命中尚未處理、內
化的失落與死亡。個人也可能採取憤怒的方式來表達自我的外爆

狀態，並伴隨著身體的反應，包括大吼大叫、大聲咀咒。此外，個人也可能以喜悅、興奮等方式來反映其內在的外爆狀態。當外爆（或多或少）至極時，正亦是案主與諮商員在諮商歷程中最後接觸的時刻；當此之時，案主可能呈現出如釋重負地咯咯作笑或心灰意冷地娓娓啜泣，故可視為是案主重大的轉捩點。當事人之所以如此，乃因其生理上、心理上的強烈反應及其專注地提昇自我智能有以致之，而這正是完形治療的特色。

完形治療視身體與心靈為一個整體，單純符號式的口語表達，尤其是那訴說早期生活的悲傷經驗，通常會被視為是個人的不完整和限制。而完形治療諮商工作必須完全考量案主那些無意義的語調、語音與全部的身體反應，因此一切的外爆狀態也都必須經由肌肉、聲音和情感來加以反映。完形治療乃在於藉由人體的細胞與肌肉等身體工作來表達其身心創傷，因為當人們身心受到傷害時，其細胞與肌肉會首當其衝地受到擠壓。個人身心、情意方面的表達必須配合認知、行為的改變才能加以整合（恰似下一階段）。

在整個完形的循環接觸中，個人會不斷地努力整合及察覺自我，包括其生理和心理、情感等層面；如此一來，個人便是主體／圖像，同時也可以深刻瞭解到自我與環境互動的整體關係。在此階段，僵局已解，背景已釐清，個人核心的問題已呈現在眼前，等待解決、處理。當此之時，個人需求及其尋求滿足之間的僵局也會成為主體，因為阻礙個人認知、動力與行動的障礙也皆已排除，此正是完形治療工作的核心。

最後（最後接觸）階段的典型議題

膠著（Stuckness）

　　在死寂層裡，當事人可能會陷入膠著的狀態中，他會被未知的恐懼所癱瘓。完形治療的重點乃在於協助當事人在最短的時間之內覺察其膠著狀態。顯而易見地，此一膠著處會累積相當巨大的能量，使內爆層呈現並轉而進入外爆層，個人會以憤怒、悲傷、恐懼、或是狂喜等方式呈現其外爆狀態。當事人也可能停滯於內爆層中，不斷地付出越來越多代價以實現其真實自我的統整。當事人和諮商員會經常陷入感覺不好的膠著狀態中。儘管如此，此一「膠著所在」（stuck place）或僵局仍有其值得肯定之處，因它會產生最大的可能性轉變，它會形成一股抗力來平衡個人內在的緊張狀態。

　　對於那些渴望迅速有效地解決自己難題的案主，鼓勵他們在邁向安適境界前，先勇於安頓自我在僵局層和「膠著之處」（staying with the stuckness）是一件重要的事，案主可以從自身的經驗、以及在僵局層和膠著處的逃避經驗本質中學習、成長。誠如前一章所言，逃避經驗有其消極和積極的意義，對那些因猶疑不決或心意未定（non-committed）等情況而經常陷入困頓情境的案主，最大的收穫便是去學習「最終接觸」，這就好像從事高空特技的表演者一樣，他們提及個人高空盪鞦韆的學習經驗時，最後體會到唯有先把自己心往前拋（throwing his heart），並且確信自己的

身體會隨之往前，如此方能令自己悠遊在高空之上與鞦韆之間。

認知性議題（Cognitive Issues）

在最後接觸的階段裡也可能發生認知思考混淆的現象，例如：個人抉擇方面的思考混淆。一位過度謹慎的人，當他意志堅定地參與體驗活動並且在過程中極力去排斥那些會使他不完美的主張時，他也會變得腦筋混亂、思考混淆。Gladys 原本是一位性慾旺盛但性行為保守的女性，而後她變得開放而且樂在性愛中，她的蛻變其實也是經歷了一段擔心自己是否會變得像妓女一樣的困惑期。

情感性議題（Affective Issues）

即使有些案主在諮商初期曾經表達了他們的感受，並且出現一些情感性的行為（諸如哭泣、憤怒、顫抖、大笑），但在諮商的後期階段裡，上述行為的本質和深度都會有不同的變化。當自我的感覺越容易掌控時，個人越容許自己去體會那些無法預期、更強烈、原始及深層的情感經驗。Leroy 接受諮商治療已有兩年多了，他變得更加瞭解自己的情感世界。諮商初期，時值 Leroy 的妻子剛與他分手，他曾經放縱自己嚎啕大哭；未及多久，他對自己這種深層地悲傷和失落感到恐懼不安，並且持續了一段時間，甚至退回至諮商治療前的狀態。但是在諮商治療的後期階段，在很短的時間之內，他終於明白一件事，也就是自己的情感經驗並不是他所想像的那般病態，相反地，它是一種個人健康的情感象徵，甚至它是個人面對影響生命意義之重要事件時所產生的一種適切性的情感反應。

　　當案主付諸行動於最終接觸階段時，當他們最後瞭解到自己深藏多年、內心深處的情感時，發瘋、自殺、殺人等令人害怕的事都有可能發生。無論如何，在此諮商階段中，當事人先前作戲層的行為模式，那些無意義的情感表達都必須和這些健康的情感反應客觀地加以區辨，予以區隔開來。當然，當事人若僅僅是重複表現那些尚未融合、無助於生活改變的情緒性宣洩，這也是毫無意義、不具療效的諮商。

行動性議題（Behavioral Issues）

　　由於此時案主的內在心靈與人際關係是相當混亂的，因此諮商最後階段的特徵便是案主的行為反應相當不穩定。舉例來說，Yasmina在日常生活中事事順著她的父母親，包括她的婚事，但在她內心深處卻渴望成為一位獨立自主的人，這時她是心亂不定的。這件事最後的發展結果可能是她選擇了「自己」而非別人所屬意的婚事，或是依照傳統文化來接受別人所安排的伴侶。無論是何種選擇，它都是植基於個人內化的價值觀，或是來自於對抗自己的衝動（迴射作用）。在處理此事時，Yasmina曾經發了一頓脾氣並且離家出走，此期間她不斷地改變她的想法，她慢慢察覺到自己變得越來越陌生，似乎變得有點不正常了。幸好她及時警覺到自己這些轉變只是一些跡象（manifestations），而她的諮商員也適時地幫助她走過這段歷程。

學習新技能

　　當人們處在僵局層中，他們需要學習一些新的技能以處理個人未曾面對的難題，諸如如何向上司請求陞遷、如何協調完美的

性生活、如何婉拒父母回家過耶誕節……等。在此引用 Erving Polster（1985:6）的部分觀點，他認為諮商治療中，諮商員縱然運用了許多的教導、教學（instruction）工作，他仍然是在進行完形：

> 基於正向考量，我發現她花了許多時間在教導她的病人學習如何與自己的朋友溝通，這些都是一些簡單的事，例如：協助病人瞭解怎樣寫好一個完整句子與人溝通……。她非常和善地教導她的病人如何與他人對談。她晤談和教導的方式似乎不像是在進行完形治療法。她甚至沒有運用空椅技術，協助她的病人如何適切地和他人交談；她也沒有要求案主去做一些覺察的工作。她只是忠實地扮演著一位自己和案主之間接觸的角色，一種她必須付出的敏銳接觸，一種她確信案主當下期待獲得更多需求滿足的付出，這種需求也是雙方互動的原動力。

重新定位（Reorientation）

在此一諮商階段中，人們可能會經常說些諸如此類的話：「一切都還好，但我不能破壞工作的準則，即使這樣做會讓我心理好過點、頭腦更清楚些」，或「我可以嘗試和你分享我的感受，但卻難以對我的家人與同事啟口，他們會認為我太軟弱了」……。此時，諮商療程和現實生活之間存在著很深的鴻溝，因為案主尚未發現如何將諮商療程中自己和諮商員所形成的有效伙伴關係，適切地概念化、學習以運用在現實生活（life outside）的歷程中。

實驗範例

迴射乃是最終接觸階段的主要阻礙（界限干擾）。在此諮商階段中，案主會呈現許多創傷和痛苦。下列的諮商技巧將能有效地協助案主消除迴射現象並且解決其困境。

舒展肌肉（Mobilising the Muscles）

一位身心健康的人，其身體肌肉既不會太緊繃也不會太鬆弛，而是蓄勢待發有所行動，以維持其內外在的平衡狀態。換句話說，無論你是站立、或坐、或走、或躺，身體都會適時調整重心以達身心協調、平衡的狀態。為了協助案主 James 伸展肌肉，可以先請他躺下來，讓他先體會一下自己的身體，使他自我覺察身體的哪些部位是緊繃的、哪些地方較為放鬆。「現在將你的注意力置於全身上下，包括你的頭部、臉部肌肉、前胸後背、左右雙手、腹部、臀部、生殖器官，以及你的左右雙腳」。感官覺察（felt-awareness）是從身體內在肌肉的觸覺開始，它不是一種想像或一種理論建構。

案主也可以覺察一下自己的呼吸，以探索個人如何藉著自我的律動來減除一些焦慮感，進而嘗試克服自己在激動時的一些不正確的呼吸方法，使自己專心覺察、學習如何充分又完整地循環呼吸，以解除個人的焦慮不安並掌握自我的覺察，進一步地為自己的行為與抉擇負責。

偏差行為的研究

　　當一個人出現迴射現象時，其行為往往是偏差的。舉例來說，當 Sydney 自言自語：「你想要誰來可憐你？你想要誰來指責你？」時，她這種自怨自艾的反應就是一種偏差行為。

　　「迴射」意指當事人將自身想做的事、想對他人做的事，或是過去要做的事轉移到當下自己的身上。有時當事人因考慮到父母的責罰或自己的無助等理由，會在內心深處改變自己的言行舉止。她以自己為目標來取代生活環境中其他的人、事、物。例如：Lisa 曾受到父母的虐待，但因某些原因的限制，她將對父母的批判轉為對自己的批判，於是她會為了一些小小的錯誤在心中自責不已，並且用一些惡毒、憤恨的話語來批評自己的缺失；在此同時，她內心有另一個自我會嘗試去取悅父母，並且奮力地表現優異的言行，這也是她長期以來努力在做的事。即使父母永遠不會接納、肯定她，她也會不斷地努力。如此一來，她的自我人格已形同一分為二了。

　　完形治療者重視阻礙需求滿足之行動（how the need-fulfilling action was blocked）覺察力的復原（讓案主知道她可以反抗自己的偏差行為）。當她一旦瞭解自己的痛苦源頭之後，包括那些迴射行為的生理經驗（她可以象徵性地表現出踢打和尖叫反應以取代抑制、傷害自己的行為），以及意識到自己在現實生活中的迴射行為（例如：持續壓抑那些保護自我的情緒，以及無條件承受來自上司和丈夫的責難），她才能為自己未來的生命、抉擇負責。

解套（Undoing）

解套是治療當事人迴射行為的方式之一，我們可以藉著由內轉外、倒轉（reversing）迴射行為的方向，以協助案主戲劇性地抒發個人情感，或是循序漸進地配合案主的個性和脈動來做諮商。當事人通常可以體會到這些淨化、復健和釋放等療法，從中獲得解脫。舉例而言，當 Lisa 意識到自我虐待的偏差行為時，她開始去接受治療者運用幻想和象徵性演劇（symbolic enactments）的方式來重新詮釋雙親如何批評、懲罰她的體驗。迴射的解套必須循序漸進，無論何時，諮商治療都必須配合案主的個性和脈動來進行。首先要協助案主充分瞭解、掌握個人身體的屬性（patterns），如此當事人的肌肉控制可以轉而成為自我人格的堅硬盔甲，或是卸下了愛或攻擊的爆發力。隨之而來的是，案主可以體驗和形成個人真實自我的最終接觸。

展現壓抑的行為（Executing the Inhibited Act）

有一位案主 Sophie，當她在諮商歷程中，想對高壓的父親大聲咆哮、指責，卻又擔心他會捏住自己的咽喉報復時，她的呼吸次數就會變少了，這種壓抑現象即是一種人際衝突的徵兆。至於那些原始的、無明顯徵兆的期待可視為是當事人身體內在肌肉組織的抑制反應。有時為了要統整和完成完形治療，可藉由身體工作來加速療程。諮商中，可以鼓勵當事人接受下列的療法：

你可以掐住一個枕頭！把它當成是一個喉嚨，用手掐住它，用力搖動它，好像大狗在搖晃一隻老鼠般，毫不留

情。當你專注於那些壓迫你生活的殘酷敵人時，你終會
發現自己的口中也會發出吆喝聲、咆哮聲、說話聲和吶
喊聲。（Perls et al., 1951/1969: 175）

有時候我們會覺得展現這些「異常的」（unusual）方式來抒
發情感，即使當事人是在自己的家裡或諮商室內，也是一件相當
可笑的事。但在僵局中使用（playing）它，卻是完形治療法的入
門管道。當事人藉此展現其迴射行為時，往往有助於當事人產生
更具有自發性的自我意識，並真誠地表達其過去受壓抑的行為反
應。當然，並非所有的當事人都會想要或需要此一方式的情感宣
洩。最理想的作法是要考量每一個當事人的特性、意願和興趣。
有時治療者設計一些可以展現當事人壓抑行為的方法，較其運用
某些特定的治療技術更為重要。舉例來說，對案主Esmond而言，
與具有權威的人作眼神接觸，便是展現其迴射行為的方法。

情感表達或宣洩工作

運用情感表達和情緒宣洩的方法來解除當事人的迴射行為，
幾乎被視為是僵局層的工作重點。根據希臘哲學家亞里士多德的
觀點，情緒宣洩（catharsis）具有除化、淨化的作用，包括透過戲
劇方式的情感淨化，或「清除那些禁錮個人情感的因子及抑制個
人思想的意識表象」（Macdonald, 1972: 206）。有效的情緒宣洩
有助於當事人充分又自由地表達其內心深藏已久的情感，但它也
同時挾帶著一些強力和狂飆的情緒，欲完成諸如此類情緒的治療
工作必須憑藉治療人員的細心照顧，包括當事人的內在或外在環
境，也都必須獲得完全的支持，方能促進當事人的成長。舉例來

說，案主 Esau 曾經看過一部電影，劇情描述自己的同胞遭受外人壓迫及種族歧視的苦痛；Esau 在歷經長期的壓抑、順從和屈辱之後，終於透過情感宣洩的方法，在自己的內心世界裡找到一塊可以為個人權益和民族尊嚴大鳴不平的地方。

　　Barry Stevens（1975）提及許多資深諮商員共同發現的一個現象，那就是在進行了有關此類（有機體）生理、心理方面的治療工作後，伴隨而來的是當事人經常出現搖晃、顫抖和身體不自覺地痙攣等反應。Huxley 也證實此等現象和個人肌肉鬆弛、內臟器官「糾結」（konts）有關（Stevens, 1975），他將之比喻為「佛洛依德派（貴格會教徒）集體癥候群」。Huxley 也視其為當事人一種肉體的告解與赦免，例如：當事人已能憶及個人的早期創傷、已能喚回失落的回憶，以及找回當事人曾經費力去壓抑的過去創傷。

坦然接受幻想的破滅

　　在諮商的最後階段裡，當事人必須接受有朝一日個人的內心幻想將會產生重大的改變，它和過去的部分會有很大的差異。例如：當事人可能會花上一段或長或短的時間去接受並哀悼一些事，包括自己從未擁有過的親情、個人錯失良機的事實、以及最後發現諮商員的平凡，畢竟「我（指諮商員）從未許諾你一座玫瑰花園（意指美好的事物）」（Green, 1986）。有一位案主 Shanelle 便曾感嘆地對她的諮商員說：「我必須學習如何讓你對我仍有影響力，因為現在的你已不再神奇了。」

架橋（Bridging）

在此階段中，諮商員將會發現既要挑戰案主又要支持案主，確實是一件難以平衡的重要工作（任何時刻個案都可能產生改變）。完形的諮商員需要尊重案主人格的完整性，包括當事人的身體、行為模式、生活步調、「症狀」及當事人所謂的「抗拒」和「說詞」。諮商員要能與此一完整的人建立完全又充分的接觸，那意謂著諮商員期待當事人當下能表現其高水準、獨創的適應力，調適其所處的時空環境。無論當事人是否出現失功能的行為反應，無論當事人是否呆板得令其監護人想放棄，甚至他／她有「自我折磨」的行為。當事人在諮商歷程中所發展出來的調適能力，便是解決個人童年困擾的最佳方法，它們也是兼具功能性和本能性（original）的藝術工作。除非是當事人能夠接觸、能夠接受、能夠理解，否則他們難以真正獲得改變。

Zinker（1978: 21）如此形容諮商員的左右手，右手為「革命性的雕塑」（revolutionary molding），左手則是對案主當下整體的尊重。諮商的挑戰來自於對當事人現有結構性需求變動的支持，以及透過體會性的實驗活動，使當事人在驚喜、新奇，甚至更原始的歷程中，不斷獲得成長、改變。

> 在創意的治療歷程中，完形治療師會邀請當事人共同參與、配對演出一些具有衝突性的戲劇。治療者會協助當事人成為一位實驗者、老師、積進的改革者（active

modifier）；但仍然要保持一種對當事人現狀瞭解和尊重
的態度。唯有藉由此種週而復始地分享、積極主動地探
索當事人的內在世界，才能從中真正改變其先前的人格
結構。（Zinker, 1978: 22）

Gary 重回童年的場景

Gary 此時已建立了相當不錯的自我覺察和個人療程。他發現
一種自然的方式，有助於他能夠迅速地放鬆，即使是在無聊的時
刻，例如：塞車時、壓力大時、參加棘手的會議時。Gary 已學會
以一種目標導向的方式轉化他個人的激動狀態，直接地激發自己
內在的能量以開展一連串的行動。儘管每學期他必須一再重複做
一些例行的工作，甚至在同一學期內的不同時段要做同樣的瑣事，
但 Gary 已能在他的知覺循環圈下完完全全的行動。有時如此的行
動會在特定的循環下持續好幾個學期。對整個治療歷程而言，在
諮商的最後階段，治療的焦點是在於最終接觸——協助他完全且
清晰地體會到自己的內在需求，包括那些負向的融合（毀滅性依
賴），或是重新修正與母親的那些原始而病態的關係。

成熟是完形取向治療的基本概念之一，成熟是一個持續性的
成長歷程。在此歷程中，當事人開始自我動員或是借助他人之力
來有效地、圓滿地啟動能量；而在個人運用資源的同時，他也學
會不斷支持自己去與別人發展相互依存的關係。

雖然 Gary 已成功地和女友 Jessica 分離，但而後在他與新女友

交往的過程中，雖然一開始他們雙方似乎是各自獨立的，問題是過不了多久，女友們又會對 Gary 百般依順（devoted followers），不再是一種成熟的關係、獨立的個體。雖然諮商初期的工作重點大多置於 Gary 對父親冷漠和含蓄的情感，但此時諮商的焦點逐漸轉移至他的母親。

Gary 清楚地回憶而且重新回到七歲時，他被母親帶到一家商店、允許他購物的場景。Gary 把我的諮商室重新佈置成他童年時的家。在客廳裡，他擺了二個大座墊代表他的父母。由於先前在商店時，他不小心選購了一罐超過母親所訂消費金額的糖果，返家途中被母親發現了。在諮商時，Gary 扮演他母親的角色，她以非常嚴厲的語氣警告 Gary，等父親回來時他最好小心點。此時的 Gary 重新體會到當天等待父親返家時的恐懼，並且在諮商室內充當床上的地方，不由自主地尖叫、顫抖。

這些就是 Gary 當時身心受創所壓抑的感覺。此刻，在諮商室內他只是異常安靜地咬著他的指甲，然而他的身體卻蘊藏了這麼多年來許多被壓抑的反應和情感。這次的諮商經驗提供 Gary 一個過去未完形的治療經驗，而此次是同時涵蓋了生理、心理和情感三層面的整合治療。接下來，Gary 又回憶到，當時他聽見從房間內，傳來母親生氣和誇張地向父親控訴他是一位壞孩子的聲音；然後他又聽到父親發出恐怖的吆喝聲，叫著 Gary 的名字，並且當著母親的面責打他，同時大聲斥責他那有如惡魔般的欺騙行為。談到這裡，我溫柔地詢問眼前這位七歲的小男孩，他有什麼感受，他想要做些什麼。我讓 Gary 把他的怨氣發洩出來，對著他的父母（二個大墊子），尤其是對他的母親洩忿。換言之，避免 Gary 迴射地再對自己生氣。此時，只見 Gary 先用手臂用力地捶打雙親

（二個大墊子），接著再用腳踢，最後他用自己骨盆的部位去坐墊子，甚至用盡全身的力氣去發洩那長久以來受到壓抑的憤怒。對一個七歲兒童而言，這樣做是相當冒險的，以致於他的憤怒難以言表。

當 Gary 明白自己深深背叛他所摯愛的母親時，不禁感到懊惱和悲傷，此刻，他提高了對自己內心深處這位孩子需求的敏感度。Gary 長期經歷了一段失去愛的哀傷期，他多麼渴望能再從母親身上得到更多的愛，但顯然地他未曾真正獲得。於是他理智地融合了對他人需求的敏感及自己內心殘留不去的恨意。

自從諮商治療令他完全釋放內在壓抑的情感後，Gary 深受其惠，特別是接下來的幾週當中，他感到自己已經可以全心全意地經營和承擔那些人與人之間的義務關係。他表示自己的心已真正地從牢籠中釋放出來，當然 Gary 也不再對我們的諮商關係退縮、冷漠，他會主動地和我分享他的愛情、憤怒和矛盾等心理感受。

自始至終，諮商或治療歷程中主要的治療「工具」就是案主和諮商員之間的互動關係。諮商員和 Gary 一起工作也有許多收穫，因為諮商員不需要過度涉入，也不需要放棄，便可以和案主組合成一個同心協力的工作聯盟。

10 滿足和諮商過程的倒數階段

一位剛從山上回來的僧侶拿出一棵大頭菜，問大師Gensha 說：「啊，大師你要怎麼處理它？」Gensha 回答說：「你就把它吃掉」。僧侶問：「被吃掉的大頭菜又該如何？」。Gensha 只是回答說：「你已經飽了，我已經飽了。」（Suzuki, 1972/1974: 44）

滿足：滿足的經驗和完形的完成或後接觸

　　後接觸（Post-contact）是圓滿與完全接觸後的結果。它對於個人的成長可能具有毀滅性，也可能是有助益的，但是總有某一部份新奇的自我環境（self-environment）領域被提出和被改變，因為接觸的圖像也讓世界充滿了興奮，但是這些所有的興奮，在事後卻只是一些微不足道的變化（Perls et al., 1951/1969）。

　　類比於諮商過程中的階段，則是可用成長的類化或已經形成

的改變來形容。在心理上，當事人已經經歷了從感覺到覺察，到動員能量、行動而至圓滿，以及最後的接觸等階段。當事人帶著滿足開始同化其自我探索旅程的經驗，準備好到下一個階段。最後的結果是這樣的經驗會退回到背景中，而且當事人在目前可能無法覺察到這些經驗。但這些經驗仍然會成為自我的一部份，這就好像我們今天已忘了昨天所吃的東西，但這些食物仍然不斷地在滋養我們。

　　很遺憾的是，在我們文化中有一種趨勢，就是在我們尚未完全欣賞品味所獲得的東西時，即催促著我們往下一步前進。所以，在諮商中此階段的目標是幫助當事人體驗滿足與完成完形，並且允許當事人以最大的滿足感來經歷其所發生的接觸。

完成的喜悅

　　治療師和當事人在這個階段，就像藝術家面臨在 Scylla 和 Charybdis 兩個女妖之間的抉擇一樣，令人左右為難。總是有很多的成長要完成，有很多的領悟要體會，有很多的技巧要學習，很多方面的人格特質要改變、塑造及確定。不幸地，不管在單次諮商的瞬間，或是在三、五年之久的諮商關係的後半段，此時的諮商工作經常是草率了事的。在完形學派的文獻中，通常也是被省略不提的，但是學習去欣賞、咀嚼、強調我們在經驗完形的當下，似乎是生存中一個最重要和最有意義的時刻。

　　在本書中，我舉了很多對短期或長期諮商結果感到滿意的個案。在每一位治療師的實務工作中，自然也有一些諮商到最後不

是那麼成功的。Laura Perls 有一位病人曾經寫下這一段話：

> 我肯定自己並沒有被治癒好，事實上，我仍然出現以前
> 的症狀，甚至有一些以前沒有的症狀。我現在體驗到一
> 些焦慮，是我當時來見 Laura 時，我幾乎不知道的焦慮，
> 但是這些症狀在強度上已經大大地減輕了，我現在感覺
> 自己很有活力。我相信當 Lazarus（聖經中的人物）復活
> 以後，他仍然有其死前一樣不良於行的腿、凌亂的鬍子
> 和困難的呼吸，他知道他經歷了死亡而現在復活了，我
> 相信他知道這是一個神蹟，且對祂充滿了感激。當我走
> 在街上時，看到形形色色的人，能有吸引力的、害怕
> 的、有趣的、振奮的感覺。Laura 和我已經做了一個神
> 蹟——我又活過來了。（Morphy, 1980: 136）

　　在這個階段的諮商，當事人經常在晤談中談論自己在家庭和
工作方面的成就，而在諮商外的關係似乎經常有相當神奇的改變，
常常會有「我不確定自己是否應該繼續接受諮商」的困惑，但有
時也會共同分享寧靜的時刻，及分享共同完成工作所帶來的深度
愉悅。如果在這階段沒有獲得應有的尊重，則治療師會因此產生
工作倦怠現象並危急其心理健康和職業效率，所以治療師不僅要
為個案，也要為自己，多花些時間在完形循環圈中的滿足階段。

　　當事人在這階段若沒有充分的注意，就會像卡通影片中「gro-
wth-junkie」的角色，總是「忙著別的事情」而未能有平靜的時刻
和自然的放鬆。人生中的許多部份是不能透過諮商、治療或個人
努力而整理出來的。治療師和當事人都應記得僧侶法蘭西斯的祈

禱文：「請神賜我詳和，讓我欣然接納那些我無法改變的事，請神賜我勇氣，讓我改變那些我所能改變的事，並能夠明辨兩者的差異。」

滿足階段的典型議題

自我意識

在這個階段裡，當事人變得有點自我意識是非常普遍的情形。這好像是他們接受了完形治療的一些語言和觀念（或是其他諮商系統）後，希望有意識地保留它的原貌，他們不願讓所學的語言或新的運作方式被遺忘，尤其當它已經被吸收成為他們行為和情感的一部份。這就好像一個人在受訓中，擔心自己所學的是否會「在二個月之後全忘掉」一樣。

根據我的看法，為了不遺忘而需要有意識地反覆記憶，這根本就是沒有充分整合之故。最基本的是將完形變成一個生活中的習慣和生命的一部份，成為一種自然、順利、和諧而持久的快樂，以及能和那些沒有此一經驗的人建立親密關係。有些過度使用的術語（如「接觸」、「逃避」、「當下的自我覺察」或「你正投射在我身上」）、治療師最喜歡的格言、或是流行一時的 Perls 式的說法，如意淫或大象的大便，並不適合大多數人的個性，而且這種情形就像一個從來沒有拿到手的貪污品一樣。

滿足階段的諮商目標，是將個人的真實特質和完形學派融合成一個整體的人格，並擁有其完整性和風格，沒有簡單的答案可

以說明它是如何做到。它在於每位治療師的藝術和手藝、理論和實務、個人經驗和客觀性、覺察和技術等等的混合。這個目標是依據諮商工作的整體性（完形），強調整體是明顯大於其各部份的總和。解析這個過程，就如同在本書中所言的，只是稍微地反應出個人所經驗到的豐富和價值而已。

旁觀

　　旁觀是上述問題的一種。更具體而言，有關於自我的旁觀指的是，人們永遠以「一個好的完形學習者應該是什麼」的觀點來看待自己。這種自我管理方式，有點「自我處理」和「冥頑不化」的意味。當然，這種情形不只見於完形之中，但是在諮商的最後階段裡，我們的當事人常常會出現這種情形，這似乎是自然過程的一部份，和其他部份一樣要處理。

　　我認為這個可以用諮商的「副作用」（iatrogenic effect）來形容，在這方面，有些問題是因治療本身所造成的。為了有效完成諮商過程，諮商的「副作用」需要藉由覺察的檢視、對模糊和不明確的容忍力進行實驗，以及適當的面質等方法來加以監督和消除。治療師可能不會說明這個重要的議題，因為他們感覺這個人現在已充分地進入這個系統，能夠有效率地藉由它來處理這些問題並且繼續成長。Babington Smith 和 Farrell（1979/1980）曾警告我們，不要認為治療只是讓當事人成功地學習諮詢者的說話方式，以為如此就能夠達成任何有意義的改變。

　　治療師要瞭解並注意以上所談論到的是非常重要的，同時也應該偵測上述所言的副作用是否存在，如果仍然存在，它可能需要回到這個循環圈的前一部份，而且更完全地加以修通。

控制不足或過度控制

　　當事人常在這個階段裡，不時地來回在控制不足和過度控制的兩個極端。他們已經學習到覺察自己的生氣，包括引發他們生氣的人或情境，他們也會採取行動。人們經常在面對外在的情境，不適當或過度地表達生氣，有時會傷害到自己。例如：一個習慣於過度控制的和嚴厲的人，可能在一個很糟的面試情境中選擇發脾氣，這可能是有機體適當的反應，但這樣的反應也使他付出了很高的代價。「有機體也有智慧」，可以衡量實際的情境來做生氣的反應。而治療師的任務之一，就是在諮商情境中，協助當事人區分出什麼是該說的或該做的，以及在什麼地方都需要付出很多的代價。

　　過度控制在完形治療中經常不是一個重要的議題，解決這個議題的重點在於發展個人的自發性和表達性。然而，過度控制在人際關係中，會以「我做我的事，你做你的事」的類型出現，就像是有機體和環境隔開來一樣。最後會在犧牲雙方的情況下，來表達一個人自戀性的控制需求。這種情況好像以前是犧牲者，現在變成迫害者，然後他們互相報復、企圖懲罰對方，但這種病態的融合關係是雙方長久以來共同擁有且相互認可之下所構成的，雙方都要負相同的責任。治療師需要幫助當事人，去發現自己選擇與維持這種病態關係所應負起的責任，而不是以責備自己或處罰對方的方式，來維持這種負面的關係，可能最有效的學習方法，就是治療師直接對當事人表現非指責、充滿感情和瞭解的態度。

傳教者的狂熱

　　這個階段的另一個重要議題是如同傳教者般的狂熱。在諮商中，當事人感激這個過程，並相信「這是真實的真理和解救的唯一道路」時，這種情形就會出現。其相識的人、朋友和家人經常會成為被推銷的對象，並告知其接受哪一個治療師的治療或特定取向的治療（不論是心理分析、溝通分析或完形治療）是最好的。這種情況常常是被人們的狂熱和迷信所炒熱，但這可能也是好笑的、短視的或令人困擾的。它是一種人類的傾向，當其發現事情真的有效時，就會想要與那些同樣獲益的人一起證明和分享，或想要去改變那些一開始就懷疑它的人。治療師需要去控制這樣的渴望，以尊重、謙虛和同情，去分享當事人的「偉大發現」。當事人只要心存感激就好，而不需要有一種義務性或強迫性去傳達被治癒的福音。最近，有些合格的治療師認為自己被訓練的學派才是唯一的真理或最重要的，完全沒有開放的心胸及經過實證的研究，就看輕或放棄所有其他取向的心理治療。

完美主義

　　想要成為優秀的渴望經常和想要成為完美的渴望相混淆。一個精緻和複雜的諮商過程容易被這種混淆所傷害，特別因為它是基於人們可以實現自我的假定。在這個階段當事人對自己（和治療師）做出一些不合理的要求，而且總是一致的、總是健康的、或總是「用有機體的獨特方式去完成完形覺察圈」。到了最後，甚至完形的自由哲學變成另外一種束縛，而沒有拒絕某些欲望的餘地，例如：短暫的性吸引力。有時候，我們應該協助當事人再

一次瞭解所選擇的慾望是可以不被滿足的，人是可以自我犧牲的，甚至有時候可以有「難過的權利」（Hazleton, 1985）。

最後，治療師和當事人需要以像藝術家的方式，與存在的現實達成協議。或許結果不是很完美，但這是自然的現象。如果這種完美的問題一直發生的話，那麼處理過度要求（包括處理兒童期經驗）的策略和技術是需要再度予以修正或再發明。另一方面，人類傾向於無法達到完美，這似乎是一個生命的事實，「諮商」並無法改變這個事實，治療師只能以幽默的態度接受自己的缺點、不足和限制，來做為當事人的楷模。當然，從另一個觀點來看，每一個人已經很完美了，就像一棵樹本身就已經很完美了。

實驗範例

因為自我本位主義可以如此深遠地阻礙滿足階段，所以我要列出下列技術，並發展其他的介入方式，以符合諮商過程的後期階段。

專注和加強圖像

在完形循環圈裡所有早期的階段，都以重現的方式出現在每個階段上。在後接觸階段裡，為了專注和加強這個圖像，需要重拾發現和重獲覺察的技巧。有了自我發現之後，現在則需要放掉自我，以達到圖像的圓滿。禪的看或聽的練習方式，就是讓當事人變成靜或動的技術，就像太極一樣，雖然看似矛盾但對於熟悉完成、後接觸和滿足是有幫助的（Franck, 1973）。調和自然的循

環週期，季節的改變和種子長成樹後再死掉，都意味著在我們生命中「圖像」消長的調和。這些今天看似重要的事情在十年後就變得不合時宜，此時此刻吸收自我的豐富，全神貫注來充實生命，加強活在當下的品質，以便將來回憶。

在有機體的興衰中建立信任

在這個階段之前，大部份的當事人已經發現他們可以信任自己直覺式的智慧，並可靠地支持他們的健康和幸福。林小姐被她的父母和老師教導成每天需要八小時的睡眠時間，多年以來，她接受這樣的觀念，強迫自己去睡覺，即使她感到不喜歡，沒有倦意，甚至沒有衰弱的現象，但她也會擔心睡眠不足。事實上，林小姐在諮商結束時，她的能量增加了，且只需要較少的睡眠；然而，在某種程度上，她仍然關心睡眠不足會影響她的健康。後來林小姐進行為期二週的實驗，讓她覺得自己可以在有倦意、想要和適合時才去睡覺（在某些實際的限制下），她覺得在任何時候都喜歡這樣的方式。例如：她可以在辦公室內的休息室，利用十分鐘打個盹，或在午餐後睡個半小時；在熬夜讀書和工作（不需要睡眠）之後，再利用一個彈性的星期六，去補上八小時或更多的睡眠。她在這種方式下進行實驗，直到她建立信任，能夠瞭解自己對睡眠的需求，身體對現實要求的反應，對自己睡眠的不足和充足，能夠有一個清楚和明確的瞭解。

對她而言，發現自己可以控制睡眠的智慧，帶給她極大的驕傲和滿足，她不再需要計算不睡覺的時數，而完全享受在夜晚讀書的快樂，並瞭解每個人對睡眠有不同的需求。

欣賞滿足

Helen 通常有敏銳洞察自己問題和處理的能力，可是她馬上就會掉進另一個問題當中。

Helen 在接受一連串晤談，來處理自己面對諸如侍者、店員等陌生人表達肯定時的那種輕微害怕，她再度體驗到在十四歲那年的一個情景，粗魯的媽媽將一雙屬於 Helen 的瑕疵鞋子退還給店員時，讓 Helen 強烈地感到難堪。Helen 重演這個情景，在幻想中阻止她的媽媽，並對媽媽說明她如何用更肯定和較少攻擊的方式來處理這個情況，她甚至向她媽媽示範自己是如何做到的。

這是一個適合的治療時刻，但當她離開這次晤談時，好像變成另一個 Helen 說：「下週我會來，而且要處理我對工作不滿意的問題。」

下週我們沒有繼續談，因為 Helen 阻礙自己去體驗滿足和消退正是她生活的模式，我建議她想像自己正在參觀藝術館，地板下方是由她已經完成的工作草圖所築成，她所站的地板則是她用一些描摹「害怕自我肯定」的圖畫所裝飾而成的。我要求她花點時間想像這個藝術館的四周，在通過這些地板上前，先去喜愛、描述和吸收它們。

放棄過度控制

這些技術特別與放棄自我本位主義有關。邀請當事人透過冥想或心像的實驗來連結宇宙萬物，是另一個處理過度控制問題的完形方法。任何冥想都專注在浩瀚無垠的空間、無法計算的時間和個人相關但不重要的事物上，這方式可以挑戰和治療在這階段

的當事人。相對於一些一九六〇年代的想像方式，現在的完形學派尋求並結合自我覺察，如此方能有意義地存在環境中，個體可以不再從系統中分離，心理不再從生態系統中分離。這個系統的意識不僅擁抱樹、臭氧層和行星的資源，而且也包括了我們在歷史中的地位和在宇宙萬物中的參與。

接受「夠好」

在完形中，較常強調抗拒、拒絕和反對，較少強調接受、服從和「當夠好時放下」。因為完形尋求誇大和讚揚極端，同時也促進有機體的整合，這兩方面的需求都是達成一個良好平衡個體的要素。對那些習慣模式和長處是（或變成是）去挑戰、攻擊或毀壞完形的人，能學習更多放下（let go）的優美藝術，當事情夠好時就加以接受，學習去界定什麼是一個「夠好的關係」、「夠好的自我印象」、「夠好的生活」等，是很重要的。Jenny已經學習到如何公開且自由地表達情感，並期待她的朋友也如此對待她。在一個歡送會上，一些朋友正在歡送某一位即將移居國外的朋友，Jenny帶著兩難問題來到諮商晤談中，這個兩難是在歡送會上，如何對她的朋友表達累積的怨恨和罪惡感。在諮商後，她決定讓這種感覺離開。

Stanley回憶他七十五年來的一生，他曾是一位海軍陸戰隊的工程師、父親、先生和情人、新聞雜誌記者、教師和運動員，他自責無法精通這些方面，因為他在這些方面沒有得到顯著的榮耀，他害怕自己的生命是沒有價值的。在諮商中，他必須學習瞭解「不同的馬，有不同的用途」的真正意義。他選擇接受事實，雖然他沒有在任何領域得到很大的榮耀，但他對自己多樣性和多采多姿

的生活感到驕傲。在整合他獨特的生命方式之後,他使自己在殘餘之年充滿了豐富和滿足。

結束的準備

如同我們所瞭解的,完形中的一個基本價值是使一個人接觸「什麼是」——此時此地存在的現實。理想上,當事人將開始更多的接觸,接觸其內在世界的思考、想像和感覺,以及外在環境的人物、地方和事件時,自我實現將取代自我欺騙的模式。對於Perls、Hefferline和Goodman而言,覺察仍然是主要的關鍵,因為在需要完成的未竟情境中,它帶進了意識,健康的人也更能擁有自己的能力去表達、創造或尋求適當的支持。如果他學會了覺察的技巧,更進一步地保持並接觸外在變化的情境,則有趣、振奮和成長將繼續產生,他不再是神經質,不論他的問題是「內在」或「外在」(Perls et al., 1951/1969: 466)。

Gary 案例的續篇

在這個階段的諮商歷程中,Gary 對他許多新發現的訊息和自我覺察感到非常認真,這使他變得過度完美,變得自我懲罰,甚至用罹患感冒來處罰自己。在他與一位適配的女子新的交往關係中,為了避免使他回到以前破壞性依賴(融合)的模式,他相當自我意識地注意此一新關係的發展。例如:他誇大地區分他想要

做的和她想要做的。這種中斷自發性過程乃是因為他未能放下對自己的監督。

矛盾的是，他似乎想要透過內省來「處理他的自發性」，並嘗試控制新奇和驚訝，讓自己和刻意的覺察維持著一種融合的狀態。這正是 Gary 要面對的另一個階段或方面的問題，他要學習允許自己再度被拋棄，並相信現在的他可以再找到自己。

在某一次的晤談中，當 Gary 專注於他「內在旅程」的滿足感時，我建議他扮演畢業典禮的儀式，可能在那些過程中，使他真正注意到自己的演講能力。這個處理的目的是多方面的，第一，這有助於他敏銳自己在諮商過程中所得到的覺察和提供這方面的知識，也是企圖創造對實際結束諮商關係的準備。此外，也有一個象徵的隱喻企圖提醒他在生活中，例如：在考試中，可以得到完成而不需要完美。最後，它企圖說明平衡和現實，以使他能夠更充分地體驗到諮商循環的滿足部分，並成為一種內化的模式，能夠評估未來實現的可能。通常有效的和優秀的治療方法，如同好的詩一樣，含有一層又一層的意圖、直覺和意義，其中只有一些是有意識的和可以被瞭解的。

雖然，Gary 通常相當自發地參與我所提供的實驗，但是有一天他想了一下，然後回答：「我想我的確喜歡某些事情，而我今天不想做——不是沒有準備，我想在下一週好好思考和準備，甚至我可能會帶些支持者。」在下週，Gary 演出一個精巧的典禮和幫我入角（入角表示預先教好一個人所有扮演的特徵；藉由描述、模仿姿勢和其他可以增加對這個人人格的訊息），扮演一位研究所的教授。我拿到一份要給 Gary 的詳細畢業証書，在上面已經詳列出很多平常的、重要的和人際成就的資料，這些資料是在過去幾

年的諮商中所發現的，我「授與他學位」，他對著想像的觀眾（坐墊），例如：一些朋友、Jessica、新女友和他的父母，發表演說。

11 消退和諮商過程的最後階段

一位來自東京的大學教授，為了求取智慧，而去拜訪一位著名的禪師。這位禪師邀請他喝茶，禪師倒茶到教授的茶杯，直到茶水溢滿了整個桌子，但禪師仍繼續倒。當這位教授表達抗議時，禪師比擬他的訪客就像這個裝滿水的茶杯。禪師指出，要使一個人的茶杯裝滿，必須先是空的。（Reps, 1971: 17）

消退：有機體在休息狀態

諮商過程的最後階段，是描述有關消退——放下舊完形（或圖像）的過程。我要再次提醒讀者，在諮商過程中有鉅觀或微觀的循環，消退並不一定是在最後階段才發生。事實上，在每一個階段點的覺察圈上，可能有更小的覺察圈。消退（有機體在休息狀態）並不見得是表示一個結束。積極的消退在一次晤談中可以發生很多次，例如：開始一項新的活動前。在一連串的諮商過程

中也有很多時候（像當治療師度假時），消退的過程是因行事曆所引起，而不是因為有機體的需要。結束和開始刻劃了人類生活中大部份的改變（可能在諮商時期的任何時間發生）。

當事人和治療師兩人都需要熟悉在他們生命經驗中空虛的時候，學習容忍，並透過從「無益的空（futile voids）」到「豐富的空（fertile voids）」的探索來轉變這些空虛。這是需要當事人有意願停留在混亂和不確定的狀態中，和承擔在時機成熟時「向前走」的責任，允許感覺的產生就像圖像從背景中凸顯出來，就像在空虛和盈滿時，也同時存在著潛力和可能性。

諮商過程的重心是幫助當事人渡過重要的轉變。這些轉變包括適應新生兒的到來、配偶的死亡、被診斷為末期疾病、在工作上的擢升、飲食的改變、或與人相處方式的改變，例如：從平常不信任的立場到開放信任的態度。對多數人而言，在消退時期面對這些轉變的次數和事件，是有機體的一種自我調節過程。

消退在完形形成和毀壞的階段中，表示一個暫停，一種心理能量從先前佔據的狀態到空或無的狀態中產生，並出現一個新的需求／圖像。就完形的觀點，這是背景變成圖像的情形，治療師支持和鼓勵當事人，去接受和探索有變化且有需要的消退和分離。鼓勵當事人去實驗、採取具體行動，以及再建立一個與個體生命中其他部份的連接以得到平衡，是治療師一件很重要的工作。人們經常想要減輕或逃避「處於兩者間」的不舒服。但此時，有品質、專注和有意圖的覺察若發揮功能，就可以使體驗到可能是無益的或豐富的空虛有所改變。

對於結束的**情緒反應**可能包含些許的憤怒、悲傷、挫折、無助感、痛苦、憂鬱和罪惡感。當事人總有一些方法讓自己覺得他

們應該是更好的案主，或他們應該記得更多治療師所說的，或他們不應該保有「秘密」。

> 在情緒反應的階段，過程中的耐心、毅力和信任成為基本的治療特質。壓抑或轉換情緒的反應是一種嚴重的治療錯誤，因為這樣會阻礙有機體的投入。
> 當有機體需要情緒反應的改變時，治療師就隨著這個過程前進和支持這個過程前進。（Clark, 1982: 56）

在悲傷過程的最後部份是**對存在的接受**。而這對每一個人而言，都是不一樣的。它表示在否認、生氣、交涉和憂鬱之後（Kübler-Ross, 1969），在我們共同的人性中，都將有一個情緒上的接納和認知上的統整。

結束——終止諮商關係

每位完形治療師和每位當事人都有他們特別偏好的結束方式。就如同有些人稍微減輕痛苦就馬上終止關係，有些人則儘可能地延長「不幸日」的來臨。這是諮商過程最少被研究的階段之一，但也是最重要的階段之一，因為來自於過去未竟事件，及未完成的或想避免的告別會全面干擾目前或未來的告別。一個人必須能說「再見」，才能完全地說「哈囉」。

一個舊完形的不統整，是表示先前已融入完形中的個人、態度和生活的一種失落。對於很多未滿足於結束經驗的當事人，在

這個階段會有很大的焦慮和痛苦。「悲傷在完形循環中，是毀壞過程中必需的反應。在我們的生活中，悲傷是必要的，正如它是人們對改變所產生的失落而會有的情緒反應」（Clark, 1982: 50）。完形治療師視悲傷為有些事情需要被體驗、完全被活化，甚至是要加以品嚐的。悲傷是生命中基本的情緒反應，不是一個需要克服或解決的問題。

理想上，治療師和當事人雙方幾乎在相同時間開始預期可能的結束；再理想一點，雙方可以全神貫注在這個過程中。這可能是當事人第一次容許自已充分地表達情感，以獲得協助並完全地、好好地理解真正重要關係的結束。這是非常重要的，因為有很多人際關係結束得很不好。例如：死亡經常帶來尚未準備好且太突然的結束；離婚的決定可能是單方面；辭去工作經常是被很多無關的事情和團體期待所造成。因此，諮商關係中滿意的結束治療經驗是格外、特別地重要。每一個當下好的告別，可以協助當事人治療過去未完全的告別；而另外一個重大的教育價值，在於它可協助當事人學習如何在未來生命中去適應很多自然和不自然的結束。

每個結束在心理上都會再引發先前的失落和痛苦的經驗，這是眾所皆知的事。當事人在處理其成人階段的失落時，通常會引發兒童時期所發生強烈且痛苦的失落經驗，也常常會面對一些已經內攝成功而使當事人不能表達負面情緒的家庭禁忌。例如：Jemima 再次接觸到在聖誕節時被取笑的記憶，就是她為家庭寵物火雞成為聖誕佳餚的事情而感到哀傷時。有時候連賣掉一部車子都可以再刺激已完形的舊悲傷。在這諮商結束時期當事人會用下列的情形做為逃避的藉口，例如：「我們會再見面」，「我想接

受訓練」，或「這不是真正的再見，因為如果我想要的話，我有時還是會想辦法見到你的」。

　　對治療師而言，這時期也是有問題的，且經常是痛苦的。這就好像是你剛剛成功地治療好當事人，而且開始分享當事人處於健康和自我實現狀態下的喜悅時，就必須開始讓他離開一樣。在這個階段，雙方常有親密和真實的對話，是由互相真誠、真實的喜歡及尊重所建立的。這就像是父母親經驗到讓他們小孩獨立的衝突。有些治療師可能會不太願意放手，不願去體驗失落的真正痛苦，但這些失落的痛苦是可以在很多分享過去的基礎上，改變成一種滋養的、且有價值的關係。相反地，有些治療師提早終止了諮商關係，而且以「踢幼鳥離巢，以使能飛」的方式來為自己害怕被遺棄的創傷做辯護。所以，治療師發展充分自我覺察是很重要的，這可以使他們有效地運用有關自己的訊息來服務當事人。

　　要能成功完成結束，最重要因素是治療師有能力去敏銳地覺察自己瞬間的經驗，不管是針對自己內在心理狀況或針對與當事人的關係。當事人也可能需要被邀請、挑戰或鼓勵去面對每種可能的層面，並且對這個過程中重要部份的細微差異投以敏銳的注意力。

　　我已在此描述了這本書的目的。有些完形治療師處理結束的問題，就像自然地發生在諮商的後階段。但就完形的觀點，則是完全不同的方式，在諮商真正開始時，就將結束視為一個核心問題來探討，所以當事人在每一次晤談後，就會被詢問是否想要預約下次的晤談。用這樣的方式，使得所謂的責任問題、選擇、治療的目標和自主性、對治療師的神奇歸因、以前的希望等議題，都可以成為是開始晤談時的探索焦點。

> 完形治療的一個核心特色,即是當事人儘可能地自己治
> 療自己,治療師在旁擔任旁觀者/評論者,偶而給予引
> 導。這和完形一般治療的方向是一致的,去要求當事人
> 儘可能快速地負起決定繼續接受治療、決定要從治療中
> 得到什麼、評估自己是否一定要繼續等責任。(Enright,
> 1971: 120)

　　有些完形治療師會預期在諮商關係結束時會出現結束的問題,
以呼應經驗圈的循環本質,這對某些當事人是適用的,某些當事
人則是不適合的。

最後(消退)階段的典型議題

　　在這個階段裡,融合是干擾接觸最重要的特徵。結合和正確
的同理可以說是這階段健康的融合表現。例如:當一個自戀的當
事人開始同理治療師,瞭解其是一個擁有和自己不同情感和需求
的獨立個體時,這些健康的部份就發生了。然而,若當事人不願
藉由結束諮商關係而從融合中消退的話,便會阻礙和限制了在完
形經驗圈中因消退所帶來的滿足結果。

不願結束或過度渴望結束

　　對當事人而言,不論是在諮商之初慣用何種結束模式,最終
這些模式還是會以修正的形式出現。對於恐懼痛苦的強迫症病人,
當他們再次想逃避痛苦時,治療師可能需要面質他們過度渴望結

束的問題；對於那些有被虐待狂的案主，通常會想要延長他們生命經驗中的痛苦部份，治療師可能需要快速且強而有力地切斷他們的痛苦。

例如：一位當事人已經接受前一位治療師十一年的治療，而且有很好的進步，當她結束與前一個治療師的關係後，她便很快地決定要開始另一個諮商關係。對於這樣的當事人，下一個諮商關係的基本任務，就得在一開始把焦點放在協助她在有時間限制的諮商契約下來終止諮商關係。

依附和分離的問題

對大多數人而言，依附、分離或消退的問題是需要再被處理的。當事人和治療師都可能覺得好像已經處理了。然而當他們有「我覺得我好像又回到起點」的現象時，那他們可能需要再處理嬰兒期或幼童期的依附和分離問題。這是一個相當複雜的問題，因為自從他們在第一次遇到這個問題時，就發展了許多不適當的因應方式。

在當事人有機會象徵性地殺掉治療師之前，經常會激起對遺棄的原始恐懼或想殺掉治療師的慾望。想像、夢的回憶和重新體驗出生的過程，經常在這個階段發生。完形治療師對於這個（或其他）階段並沒有一套特殊的反應，治療師所有的技巧和創新的做法，必須與處理這些問題是有關的，就如同每一位不同的當事人能以其獨特的方式去接觸分離的經驗。

Ruth 在面對諮商的結束階段時，她做了一連串駛向不同目的地的火車之旅的夢，在確認她夢境中不同的部份後，她發現自己也是火車的駕駛員。當她認同這個駕駛員時，便可將自己感受到

的能力、選擇和力量結合到自己的經驗之中。

類化和統整

雖然對一位治療師或一位外在的觀察者而言，當事人的成長和改變可能是顯而易見的，但大多數的當事人仍需要一些協助，以類化他們在諮商過程中所學到的，使他們能夠運用到生活的其他方面，並獲得統整。

在對 Janet 的完形諮商中，Janet 已經從總是要求自己獨立和堅強，改變為能夠相當容易地尋求協助，並接納和分享自己「軟弱」的一面。透過誇大演出她所慣用的面具來探索其內在的兩極，最後導致處於交戰的兩極得到統整。治療師需要幫助她統整認知上（透過瞭解）和行為上（透過預演和引導的想像）所獲得的，並對她的一些朋友和生意的伙伴來練習她最近學習到的行為。

明顯的「退化」

在諮商過程的最後階段，很多當事人抱怨自己的狀況又回到發展的前一個階段，或者回到舊症狀，有時候他們會說：「我比第一次來看你時更糟！」事實上，有些一再循環的問題是當事人早已經解決的，幾乎無可避免地朝向結束，即使所診斷的問題已經解決了，但當事人也可能以相同的方式重複演練。就好像一個人會用舌頭多次地接觸一顆最近補好的牙齒，以確定牙齒是否確實做好，並熟悉這種「新的感覺」。

當事人和治療師兩人都需謹記當事人的退化問題，雖然這是一般在接近諮商結束時的一種可預期的現象，但這真的有可能會發生。擴大和誇大因退化而產生的害怕和懷疑，可能會使當事人

更接近現實。每個人能夠自己去發現已經解決的問題同時蘊藏著解決新問題的方法，是一件重要的事情。

我們不應該停止探索，
所有探索的目的將是去到我們所開始的地方，
就在第一次真正認識的地方。（Eliot, 1959/1986: 48）

實驗範例

在消退階段裡，界限的干擾及其產生的困擾是來自於融合，就如同本書第四章所描述的，融合發生在一個人和另一個人之間、對一個物體的感覺和被感覺的物體、對無法區分的差異點的混合。

界限工作

界限工作在諮商過程初期很重要，對結束也非常重要，因為當事人可能已經過度認同或融合於過去未竟情境，且現在也可能融合於目前的未竟情境。透過反對、拒絕和界定的練習，來讓當事人練習並瞭解自己不同於治療師和其他人是非常重要的事。如此可以協助當事人避免接受治療師的「說話方式」，這是 Farrell（1979/1980）一再警告我們的。

對 Emma 而言，陳述個人的偏好是一種特別的界限工作。Emma總是有和其他人融合的傾向，會去接受權威對什麼是對的、好的或什麼是美麗的界定。於是她做了幾天的實驗來陳述她個人

在各個經驗層面中的偏好。例如：當她走在街上便說：「我喜愛
這個秋天的葉子甚於那個秋天的葉子；這個磚頭的形狀是令我愉
快的，那個磚頭的形狀則不會；我喜愛草地甚於樹木；喜愛褲子
甚於鞋子」……等等。

　　就像很多完形技術一樣，這樣的技術似乎是相當簡單或明顯
的，但是它是根據知覺心理學中的一個事實：人們聯結了價值觀
和他們大部份的知覺。Emma 藉由這個練習，她不僅塑造了自己
和別人間的界限，也特別地塑造了她內在的自我，這讓她可以擁
有分離和可以擁有偏好的權利，即使對一些細微的問題亦是如此。
當她對自己的偏好採取負責的態度時，她便散發出一種提升的自
我感和巨大的喜悅，不論她的行為是否根據某一個標準。最後，
她開始解除一個長期失功能的融合關係。

預演

　　事前預演可能困難的情境是當事人建立資源的一種方式，在
他們離開諮商後仍可以運用。因為有些緊急的事情是可以被計劃
的，有些則是可以被預期的。Vera 十年來將首次再度造訪她的父
母，她小時候曾受到嚴重的虐待，而在前一次的諮商關係中，她
決定停止和父母聯絡。然而，她現在有一種強烈和好奇的感覺，
想要再去拜訪她的父母，因為他們正漸漸衰老而且可能會馬上死
去。在諮商過程中，透過幻想，她預演了與父母會面的情形，也
藉由扮演其父母角色的方式，讓她對父母所給她的一些評價和行
為，能夠仔細地體驗自己內心深處的害怕和憤怒，但這樣的經驗
可能仍然使她失去平衡和導致她失去「立足點」。

　　預演的另一個形式是採取治療性的減敏感（desensitisation），來幫助支持低自尊的案主去面對其特定的問題。有時，我稱之為建立「心理的粗魯」（psychological robustness）的方法，這種方式對那些善於防衛自己以及要「保持堅強」的人是沒有效果的。然而，這種方法對於經常在真實或想像刺激下而扭曲事實的當事人，卻是一種最有價值的方法。諮商的目標不僅只是學習如何因應目前的危機，根據我的想法，諮商的目標也必須是改進有機體自我調節的過程，以及學習如何對抗未來可能的攻擊。

John 因為自己的身高不夠，而有一種深深的自卑感，對於任何人或情境，只要說出自己與他人相較下的缺點，便會引起他很大的困窘和羞愧。在諮商結束時，John 恢復了自我價值感和擁有能力的感覺，也和另外一個女人有相互滿意的關係，然而，他對於自己是否有能力處理面對別人的譏笑或侮辱仍感到焦慮。

在某次的工作坊裡，治療師模擬重現學校遊戲場的那一幕情況，團體的成員將 John 圍繞起來，對他說出令他最害怕的事，以大叫和揶揄的方式，取笑他是個「矮人」。治療師要求 John 做這個練習，藉由呼吸、平衡和堅定，再次地確定擁有自我支持的感覺，即使在模擬攻擊的情境下，John 也能運用自我支持的能力去維持接觸自己最好及最強的部份。

當然在某些方面，這是一個人為模擬的情境，但從 John 心理反應的改變，從開始練習到結束，對 John 而言，並不是虛偽的。後來他也不斷地提及，這對他自己和別人相處時的信心和自尊，有著持續和深遠的俾益。

處理「舊自我」的失落

當事人對他們的「舊自我」，經常有懷舊式的幻想。事實上，

當這個「舊自我」明顯地分離出來時,當事人就不會再過度認同或融合這個自我形象,如此一來諮商差不多可以結束了。然而,通常當事人會有一個鍾愛的舊自我部分,特別是因為它經過早期經驗不斷地磨練而存留下來。一個高效能的大學教授,現在不再是一個酒鬼,和自己、同事、工作都有很好的關係,他感動地回憶他是如何生活在酒醉的「時醒時醉」、「女人」和「孤獨的人群」中。他幾乎已經要死於所謂「浪漫式的死亡」,亦即一個年輕人不會被未來的歲月、房貸的焦慮和禿頭的問題所煩惱牽扯。當事人可能需要哀悼這種過去的自我形象,經常以層層複雜的儀式,向過去這些陪侍在側的舊自我說聲謝謝,也可能以哭泣來表達對當年一段無知歲月的失落。如同某個人所說:「諮商有點像某人吐口水在你的湯中,而你仍然可以喝下那碗湯,但不同的是,現在你知道湯是被吐了口水。」

說再見

在諮商過程中,當事人可能有機會對重要的人、事件或生活的環境說再見或告別。對於此工作的詳細部份,其一般的原則和動力與當事人對諮商關係說再見是很類似的。通常,「再見」至少包括下列要素:清楚地表達罪惡感、憤怒、害怕、悲傷、感激和減輕痛苦。例如:當一位案主認為與一個死去的人有未竟事件,想要對死去的人說再見時,治療師可以進行下列步驟:

> 拿一個空椅子放在當事人的前面,並邀請當事人想像這個死去的人正坐在上面,鼓勵當事人直接對這個死去的人表達所想的、所感覺的或所經驗的,這可能是當事人

憤恨沒有得到足夠的愛，或死亡時沒有在死者身旁而引起的罪惡感。然後，當事人被鼓勵去坐在另一張椅子並扮演死者的角色。一個對話就隨著當事人一前一後坐在不同椅子時展開，且表達了大量的情緒。當這位當事人開始有一些決定時，他會被問及是否他已經準備好或願意去說再見，並對於繼續或結束這樣的關係負起責任。通常，這會伴隨著走過哭泣、減輕痛苦和喜悅的哀悼過程。這經常會帶給當事人更大的能量、不再緬懷過去，以及能夠重建對生活以及人際關係的樂趣。（Tobin, 1975）

　　特定的技術包括引導當事人去體驗自己在這過程中獨特不同的變化，不管是一週接一週或是在一些晤談中重複地做。當事人對治療師說再見的方式應該是如同兩人所建立的關係一樣，是有很多不同的方式。最重要的策略考量是要允許當事人儘量以完成的方式和治療師完成任何「未竟事件」。這可能需要投入很多的時間以便能滿意地準備消退。結束時刻充滿了創造性的和值得尊敬的收穫，因此比其他部份都來得重要。

　　在這個階段，有些當事人也喜歡送禮物給治療師，像是送些圖畫，這些圖畫描述在接受諮商的這段時間，自己改變的情形，是一幅象徵心路歷程的畫；或是一封簡單的感激信，記載著在這段關係中美好和困頓的時刻。

哀悼

　　在諮商的最後階段，當事人正準備離開諮商關係時，他們可

能會接觸到過去想逃避哀悼或未完成哀悼的人。當然，哀悼的工作也可能發生在其他階段。的確有時候，當事人會前來諮商是為了完成其哀悼的工作。這確實彰顯出在生命中和完形中，其開始和結束的盤結交錯。哀悼這個重要的工作是需要去完成的，以避免過去原本未解決的完形被當事人對治療師的失落所取代。

在西方的文化裡，時常輕視哀悼的過程；相反地，在一些亞洲和非洲的文化裡，悲傷可以在社區中藉由儀式來表達，甚至依據悲傷的需要來決定儀式時間的長短。西方人卻不被鼓勵對失落有強烈的反應，而是讚許以「緊抿著上嘴唇」來表達悲傷的行為。

Elsa 的嬰兒在出生後就夭折，她想要儘可能快速地阻止這件事對生活的威脅，不願讓自己掉入失落的痛苦中。Elsa 用她平常的效能投入工作和社交活動，但一年後，她因「精神崩潰」而住進了精神病院。

治療師幫助她再連結被打斷的哀悼過程，治療師鼓勵她寫封信給死去的嬰孩，並以點燃蠟燭來紀念。在諮商的過程裡，她經歷了一段重複分享希望、失落的夢和很多不同情感的時期，並且和親密的家人、朋友，一起經歷從失望到減輕痛苦，直到解除了痛苦。這些讓她得以完成她的哀悼過程，並且開始恢復健康。

前接觸之豐富的空———下一階段的開啟

> 病人前來求助是因為他害怕空虛，如果他不怕空虛，他
> 將是一個有效能且不需要幫助的人。如果治療師也害怕

空虛，那他將不能夠幫助這個病人……。空虛的意義和
它如何出現在移情的關係中，是必須重新在每一位當事
人身上探索的。（Van Dusen, 1975b: 92）

容忍、探索和面對令人害怕的無意義空虛，經常是一個重要
改變的轉捩點。在滿足和完成一個舊需求和出現一個空虛經驗的
新需求之間──就當我們放下我們一組舊的經驗時，我們都要走
過這個空無的時刻，以便能完全投入另一組新的經驗。

大部份的神話和轉變的儀式包括了一些象徵死亡和再生的形
式，並透過一些隱喻來表示，像是 Jonah 在鯨魚腹中的一段時間、
阿波羅之子到地獄的旅遊、或在黑暗且無法確定時間的時空中，
去推算種族創始儀式的年代一樣。這是與消退一樣的，發生在任
何過程的結束，包括諮商的過程；只要有生命存在，消退就會引
導新的感覺產生。

現在和下一個階段的銜接是類似於自動引擎的各個點火
和電影底片的各個格子，藉著一個接一個的連接，產生
了連續的動作。在這些的連接上，結束和開始適度地接
起來，經常變得無法區分哪裡是開始，哪裡是結束，就
如同真理所言，我的結束也是我的開始。（Polster, 1987:
54）

Gary 的告別

在諮商過程中的最後階段（消退），Gary 會經歷一段退步的瓶頸，並懷疑當自己沒有繼續接受每週一次的諮商，自己是否仍有能力適應「真實世界」。例如：在一次晤談中，他再次內攝某些的訊息，認為自己是個壞人，而且有一段時間處於相當沮喪的情緒狀態。在諮商過程中，他沒有辦法做些什麼。但是有時候，他對於自己所學習到的東西感到喜悅和感激，他清楚地瞭解到不論他現在能多敏銳地體驗到他所受的傷害、害怕和生氣，他都能用他所體驗到的愉悅來取代這些（以戲劇化的驚奇畫面或戲劇，來取代一種笨拙的不耐煩）。

有時，Gary 會懷念他的舊自我，並談論到他過去那種無憂無慮的「特質」。在一次扮演練習中，他花了一些時間和過去的自我對話·，評價過去的他究竟為他的生命帶來些什麼，並解釋自己可以不再需要過去的他。

Gary 覺得可以和自我接觸，根據自己自然的循環，體驗自己饑餓和需求的滿足與不足。他覺得已經「脫離」了父母，他可以不因為對父親感到生氣、或對母親感到罪惡感，而與他們在一起。

Gary 也對於要結束我與他的關係感到相當難過，我也覺得難過。他曾經想要參加我的訓練課程。後來，他做了引導性的幻想練習，並透過這個練習而得到了幫助，例如：他覺察到自己有多想與我維持關係的渴望，而不是真正地想擁有從事助人專業的生涯，這樣的生涯是包括不斷地接受再訓練並且要花很多年去研究

完形治療。

　　這變成他和我演出的最後一齣病態融合的戲碼，處理的是被我拋棄的害怕，在我拋棄他之前，他想要拒絕我，這就像殘餘的情感被吞噬一樣，而我在這個階段裡需要慢慢且小心地處理 Gary 的問題。

　　當 Gary 在回憶諮商的過程時，他記得很多前些章節所描述的實驗，就如同清楚記得沿途的路標一樣，但 Gary 強調對他最重要的是我們的關係。

> 當我第一次來找你時，我希望你改變我，當你沒給我一個好藥方或提供給我一些神奇的方法時，我感覺到失望。回首這個過程，我很高興你沒有對我做那些事情，否則我將有一種永遠依賴你的需求。在治療的過程中，逐漸對我產生重要的治療是，不管我選擇要探索什麼主題，你總是始終和我在一起。你和我在一起，但又是分開的個體，你用這樣的方式，讓我有足夠的安全去瞭解自己生命的過程和結果，擔負起應有的責任，也有足夠的支持力量去重新處理一些我未完成和曾受到傷害的事。現在，我可以在我需要的時候，拿出自己的法寶來因應。

　　Gary 曾做了一個夢，在夢境中他搭乘地鐵去旅行，然後搭上纜車到達山的頂端，他登上山頂並俯瞰山下的景色，他看了我和一群小孩一眼後，就拿起自己的行李箱走了。

12 諮商中的責任與自由

當一個人是無知時，富士山的雪是富士山的雪，Tassaj-ara 的水是 Tassajara 的水。當一個人尋求智慧時，富士山的雪不是富士山的雪，Tassajara 的水不是 Tassajara 的水。當一個人獲得智慧時，富士山的雪是富士山的雪，Tassajara 的水是 Tassajara 的水。（Fromm, 1986: 75）

諮商員的責任

任何一位諮商員的首要責任，是遵守 Hippocratic 的格言：做不傷害人的事（譯註：Hippocratic 為希臘的醫生，有醫藥之父之稱）。像完形治療這樣強而有力且具有高度對質技巧（也有很多溫和的技巧）的治療方法，當然也會被濫用。就如同很多其他取向的治療一樣，完形治療也有一些江湖郎中、不守專業倫理、和受極少訓練及缺乏專業背景的無能治療師。

也有一些實務工作者沒有經過自己的消化與判斷，而僅是內攝其訓練者的非凡領導力。這樣對完形治療的影響是什麼呢？根

據 Laura Perls 的看法，對完形治療的傷害是「與心理分析學派和其他有名、受歡迎的治療取向是一樣的，就是簡化了、誤解了、扭曲了、誤導了完形治療（Rosenfeld, 1982: 17）」。真正的完形治療是由很多在各個重要領域的訓練者和治療者所代表，他們恪守並努力達到能力、倫理和專業的高標準（Clarkson, 1988）。

從真正存在主義者的觀點來看，使用完形取向的諮商師是對真實的存在和情境中的行為負責的，我們並不認為「潛意識力量」的強烈影響是存在的。一貫採用完形的諮商師能對他們自己的選擇、經驗的性質和品質、覺察與非覺察的部份負起責任。完形諮商師有責任確定自己失功能的部分不會混淆在諮商過程中。總而言之，諮商師本身的心理治療是接受整個完形訓練的基本要求，想要使用完形取向的諮商師，也會被建議在正式接案前，自己能接受其他完形治療師的諮商一段時間，以處理自己的問題。

完形諮商師有責任在其工作負荷和其他生活間保持一個平衡點，也必須小心不要讓自己照顧別人的心願，阻礙了其對自我的照顧。事實上，英國的諮商協會（1984: 2）就清楚地陳述了對諮商師倫理和實務的守則：

> 諮商師和其雇員或機構，有責任對自己和當事人，維持他們自己的效能、彈性和能力來協助當事人，也能夠知道自己的資源枯竭時，自己需要去尋求幫助和退出諮商工作，不管是暫時的或永久的。

諮商師的任何信念必須尊重每一個人存在的尊嚴和價值，這包括藉由保密來保護當事人對秘密、隱私和信任的權利。如此一

來，我們創造了我們和當事人之間通常難以被完美維持的界限。

在社交的場合、會議、飯店、商店、教堂或其他地方，我們可能會碰到我們的當事人，他們會把我們當成自我實現的角色楷模，但同時他們也會從我們和家人、小孩、朋友的關係中尋找一些缺點，來合理化他們自己的逃避（Kottler, 1986）。完形與其說是一種諮商和心理治療取向，不如說是一種生活的方式，完形實務工作者非常重視自己生活的透明化和角色的流暢性，經常喜歡挑戰自己的真誠、一致和自我覺察。最後，完形治療中的諮商師最大的責任就是成為一個真正的人，對於不負責的行為也不以藉口來說明，也不應該解釋成完美的要求。

自我支持的限制和資源

如同其他取向的諮商一樣，諮商師需要確定並整理自己個人問題的治療、訓練及接受督導的收穫，使他們能夠瞭解自己不足之處（例如：監督個案使用藥物的狀況），以及他們感到有能力、技術和信心的地方。我們逐漸瞭解到我們的當事人通常是我們最好的督導者，在諮商過程中給予我們明顯或隱含的驚奇體諒和苛刻的回饋；當然，我的當事人也一直是我最重要的老師。

完形取向的另一個相關因素是，諮商師總是在正向發展的過程，不是和諧地跟隨著，就是以一個有曲折的、打斷的方式循著覺察圈在發展。完形治療對諮商師最大的要求在於個人的有效性、情緒的自發性和智慧的能力。這些要求可以透過專業督導的方式和同儕的專業協助來達成。有很多專業的完形工作者認為不可思

議的是，自己手中已經有那麼多的個案，自己還需要不斷地接受治療來提升自己的能力嗎？這個過程扮演了一個預防性的監督功能，以防止諮商師在自我探索的生命旅程中受到傷害而影響了其專業成長，並將此過程視為一種不斷支持和挑戰的資源。

諮商師本身的心理治療也是一種讓自己體驗當事人狀態的方法。一個非常資深的諮商師朋友在一些年後再開始自己的個人治療，她說出自己對生理領悟的驚奇發現，她瞭解自己在第一次晤談時是如何地害怕和緊張。多年來，我們在「空椅子」的另一端，可能已經減低了我們對這種易受傷害和不平常諮商關係的敏銳度。

另一項自我支持的重要資源是擁有一個滿足的個人生活，這樣的生活是充滿了挑戰、親密、冒險與和平。成為一個適宜且吸引人的完形治療典範，治療師需要身體健康，有好的休息、娛樂和適合自己個人特質和生理律動的飲食。但總是有些虛偽的完形工作者在吞雲吐霧及咳嗽聲不斷中，談論著身體健康的重要性。

處理危機和緊急狀況

任何受過良好訓練的諮商師都有觀察或參與處理嚴重困擾個案的足夠經驗。很多個別且有經驗的完形諮商師在心理衛生上有其專業的背景，例如：精神病學、社會工作、臨床心理學。對於那些尚未具備有精神病學和心理學訓練的個別諮商師而言，兒童發展的專門研究、心理病源學和人格理論可能是需要加以學習的。有一些重要的經驗可以在精神病院的實務工作中獲得（六個月到一年，或更長），這些習得的經驗可以讓我們熟悉精神病學的語

言和規則，能夠自在地與精神病患相處。這樣可以提供一個很好的準備，有助於和相同領域的其他專業，做豐富的及有生產力的連結，即使一個諮商師很少有機會必須去處理這些情況。

完形治療的訓練和專業標準

在英國很多諮商課程中有教授完形治療，但它並不構成完形取向或完形治療的訓練，就如同那些以分析素材為焦點的諮商課程，並不算是訓練心理分析師一樣。成為一個精通完形取向的諮商師，通常是在具有諮商師資格和一些實務工作經驗後，並和資深完形治療師從事個人心理治療，也從完形取向督導者身上得到持續且專業的督導，並將完形取向統整到自己身為諮商師的專業工作中。

如果讀者想要多瞭解有關完形治療的訊息、督導和訓練，可以和 Clarkson 教授聯絡：PHYSIS, 12 North Common Road, London W5 2QB。

受訓諮商師的發展循環

在很多受訓諮商師的例子中，成為有技術的諮商師之前會經歷一個類似我在本書中曾討論過的循環（在這個循環中，以一種統整的方法來描述學習新技術的過程，即使對有經驗的諮商師亦然）。

　　學習諮商的開始階段，通常需要建立一個健全的和可分辨的**感覺**功能做為基礎，使得諮商師能對當事人和自我有敏銳力。新手諮商師通常沒有耐心將焦點放在傾聽、反省、觀察的需求上，因為，這些技巧有時候不像解決問題那麼有「價值」（然而，在治療領域的一個寶貴體驗常是在，心理治療師對於從這個層次上所導出的訊息有了崇高的敬意）。新手諮商師可能需要克服已被制約的不敏銳性，例如：自己對當事人害怕、厭惡或誘惑所產生的隱微反應。下一個學習的任務是發展**覺察**。此時的毛病在於新手盲目的自信，此乃是由很多偏差的回饋所造成的，這些回饋低估了可被發現的治療能力或工具——「激動的治療」（furor thera-peutics）（Rycroft, 1972/1979: 55）。

　　下一個階段通常會出現漸增的興奮，以及**動員**了能量和資源，並導致了系統的大規模內攝，包括它的語言、它的角色楷模與它的價值，這些在諮商師發展的階段點上可能是暫時有用的，但是固著在這個階段便會阻礙諮商師其統整和自主風格的發展。

　　接下來的階段就是開始選擇並執行適當的**行動**、介入或諮商技術。這些行為常常植基於諮商師把自己的衝突、態度和情感投射在當事人身上。受訓諮商師發展的下一個階段，通常包括信心和能力的增加，使其能夠盡可能地真誠與當事人做真實**接觸**。這經常需要學習如何少做治療（適當的暫時迴攝），和增加診斷性的鑑別、介入的選擇、實務和理論統整。

　　倒數第二個階段是**滿足**或後接觸，經常出現在訓練結束時，或訓練結束的一年以後，然後諮商師認定自己所學習的系統，視他自己是一個好的諮商師——呼應了自我本位的狀態。

　　循環順序的最後階段是**消退**，在這個階段，循環系統、受訓

者辛苦得到的理論或特殊的概念工具,常會形成一個逃避或拖延的融合而阻礙消退的進行。從整個學習的系統來看,不論是完形或其他學派,消退是成為一個真正有創意的諮商師的必要條件,能以自己的方式、自己的經驗和自己的直覺做為最信賴的指引,以達到統整的地步。當然,只要諮商師不斷地從事實務工作,在發展循環中就不會有結束或最後的消退出現。不論何時,一個有經驗的諮商師開始吸收新的技巧、新的理論資訊或做進一步的個人統整,諮商師都可能再次地從接觸—消退的發展循環開始。

一個停止成長、改變或冒險「掉進無知的深淵」的諮商師,是與完形取向的核心重點相違背的。一個無法開放修正、缺乏新的發展或驚奇的整合的理論,可能不適合指引我們來與不斷在成長且多變的人類工作。在一場完形治療師訓練的研討會上,Nevis 和 Smith(Brown et al., 1987)甚至指出,即使保留著基本核心的訊息,經驗循環圈(或「接觸—消退循環圈」或「完形的形成和毀壞循環圈」)可以在不同的場合對不同的聽眾做不同的教導。完形治療本身是在改革的過程中,一方面變得更現象學化;另一方面,則強調心理分析的傳統和現代的連結。

諮商是一種創造性的完形

不論我在本書中說了些什麼,完形治療和諮商的核心本質,不僅在於結果或單獨問題的預測,也在於發現驚奇、新奇和不平常。熱情來自於精準。唯有掌管邏輯、理性和科學的左半腦,和掌管直覺、體驗整體和知覺的右半腦,二者完美的結合,才能創

造出偉大的藝術家和心理治療師。

偉大的完形治療師便是上述的藝術家，在諮商關係中使用結構、訓練和形式，並提供當事人一個探索的空間來瞭解自己。在這個過程中，諮商師也會被改變。

> 每一個交織的生活經驗可以被優雅地發展和獨立地完成，乃是來自於諮商經驗的交互收穫，和治療師的技術秘訣。創造性的治療是一種會心的接觸、一種成長的過程、一個問題的解決方法、一種特別形式的學習，並且是對於所有改變和提升的激發。（Zinker, 1978: 5）

Zinker（1978: 18）甚至將完形治療界定為「允許有創意的」。Perls 使用像「熱椅」或夢工作的技術，在其變動的關係脈絡中的某些時刻做為當下的介入，以帶給當事人具有戲劇性的衝擊與學習。完形治療師不是以技術來被認識，而是在人際的、我—你的會心接觸中，有意願和能力去實驗和發明每個當下的創造性與新奇感。

這個人性的約定是「包括許多的普通的東西：支持、好奇、仁慈、大膽的語言、笑聲、諷刺、悲劇的類化、憤怒、溫柔和固執」（Polster, 1987: 182）。

結　語

　　這本書提供了許多思想、循環和步驟，乃是希望讀者能加以運用，發展出屬於自己認識完形治療的方式。

　　Perls 十分痛恨那些成千的「完形仿製品」，許多人以背誦方式來複製他的實驗，模仿他的完形思想。他深知治療過程不僅是一個藝術和技術，也是一種奧秘。我想他會很欣賞 Wittgenstein，因為他能說出完形真正的精神，他的陳述如下：

> 　　我的立場是以下面方式來說明：一個瞭解我的人，在他
> 學了這些東西，立足於這些東西之上，並超越它們時，
> 最後便會瞭解到那些東西是沒有什麼意義的（就好像藉
> 梯子爬上來後，就需要推倒梯子而不必再記掛著它一樣
> 的道理）。
> 　　一個人必須凌駕這些立場，然後他才能以正確的眼光去
> 看世界。當一個人不能說什麼時，從此這個人就必須沉
> 默 。（Wittgenstein, 1981/1986: 189）

‥進一步的關聯資料‥

Clarkson, P. (1989) 'Responsibility and freedom in Gestalt', *Self and Society* 17(7): 36–41.

Clarkson, P. (1991a) 'Individuality and commonality in Gestalt', *British Gestalt Journal*, 1(1): 28–37.

Clarkson, P. (1991b) Gestalt therapy is changing: Part I – from the past to the present, *British Gestalt Journal*, 1(2): 87–93.

Clarkson, P. (1993a) 'Two thousand five hundred years of Gestalt – from Heraclitus to the big bang', *British Gestalt Journal* 2(1): 4–9.

Clarkson, P. (1993b) *On Psychotherapy*. London: Whurr.

Clarkson, P. and Mackewn, J. (1993c) *Fritz Perls*. London: Sage.

Clarkson, P. (1997a) Gestalt therapy is changing: Part II – from the present to the future, *British Gestalt Journal* 6(1): 29–39.

Clarkson, P. (1997b) 'Variations on I and thou', *Gestalt Review* 1(1): 56–70.

Clarkson, P. (1997c) 'The beginning of Gestalt', *Gestalt Journal* 20(2): 23–42.

參考書目

Babington Smith, B. and B.A. Farrell (eds) (1979/1980) *Training in Small Groups: A Study of Five Methods.* London: Pergamon Press.

Berne, E. (1970) Book review in *American Journal of Psychiatry*, 126(10): 163–4.

Binswanger, L. (1958) 'The Existential Analysis School of Thought', in R. May, E. Angel and H.F. Ellenberger (eds), *Existence – A New Dimension in Psychiatry and Psychology.* New York: Clarion Books.

Bowlby, J. (1953) 'Some Pathological Processes set in Motion by Early Mother–Child Separation', *Journal of Mental Science*, 99: 265.

Bridges, W. (1980/1984) *Transitions: Making Sense of Life's Changes.* Reading, MA: Addison Wesley.

British Association for Counselling (1984) *Code of Ethics and Practice for Counsellors*, Form No. 14.

Brown, G., R. Harman, E. Mintz, S.M. Nevis and E.W.L. Smith (1987) 'The Training of Gestalt Therapists: A Symposium', *Gestalt Journal*, 10(2): 73–106.

Buber, M. (1958/1984) *I and Thou.* Edinburgh: T. and T. Clark (first published 1937, second edition first published 1958).

Burchfield, R.W. (ed.) (1976) *A Supplement to the Oxford English Dictionary.* Oxford: Oxford University Press.

Cannon, W.B. (1932) *Wisdom of the Body.* New York: Norton.

Capra, F. (1976/1978) *The Tao of Physics.* London: Fontana (first published 1975).

Clark, A. (1982) 'Grief and Gestalt Therapy', *Gestalt Journal*, 5(1): 49–63.

Clarkson, P. (1988) 'Gestalt Therapy – An Up-date', *Self and Society*, 16(2): 74–9.

Clarkson, P. (1989) 'Jungian Gestalt – Conceptual Convergence and Experiential Divergence', Jungian Gestalt Workshop, London.

Clarkson, P. (1991) 'Individuality and commonality in Gestalt', *British Gestalt Journal* 1(1): 28–37.

Clarkson, P. (1997) 'The beginning of Gestalt', *Gestalt Journal* 20(2): 23–42.

Conduit, E. (1987) 'Davanloo in Britain', *Changes*, 5(2): 333–7.

Delisle, G. (1988) *Balises II: A Gestalt Perspective of Personality Disorders.* Montreal: Le Centre d'Intervention Gestaltiste, Le Reflet.

Dublin, J.E. (1977) 'Gestalt Therapy, Existential–Gestalt Therapy and/Versus "Perls-ism"', pp. 124–50 in E.W. Smith (ed.), *The Growing Edge of Gestalt Therapy*. Secaucus, NJ: Citadel Press.

Eliot, T.S. (1959/1986) *Four Quartets.* London: Faber and Faber (first published 1944).

Enright, J.B. (1971) 'An Introduction to Gestalt Techniques', pp. 107–24 in J. Fagan and I.L. Shepherd (eds), *Gestalt Therapy Now*. New York: Harper and Row (first published 1970).

Fagan, J. (1977) 'The Gestalt Approach as "Right Lobe" Therapy', pp. 58–68 in E.W. Smith (ed.), *The Growing Edge of Gestalt Therapy*. Secaucus, NJ: Citadel Press.

Farrell, B.A. (1979/1980) 'Work in Small Groups: Some Philosophical Considerations', pp. 103–15 in B. Babington Smith and B.A. Farrell (eds), *Training in Small Groups: A Study of Five Methods*. Oxford: Pergamon Press.

Finney, B.C. (1976/1983) 'Let the Little Child Talk', pp. 385–419 in C. Hatcher and P. Himelstein (eds), *The Handbook of Gestalt Therapy*. New York: Jason Aronson.

Franck, F. (1973) *The Zen of Seeing*. New York: Vintage Books.

Frankl, V.E. (1964/1969) *Man's Search for Meaning.* London: Hodder and Stoughton (first published 1959, revised edition first published 1962).

Freud, S. (1955) *The Interpretation of Dreams.* New York: Basic Books (first published 1900).

Friedlaender, S. (1918) *Schöpferische Indifferenz.* Munchen: Georg Muller.

Fromm, E. (1986) *Psychoanalysis and Zen Buddhism.* London: Unwin Paperbacks (first published 1960).

Gagnon, J.H. (1981) 'Gestalt Therapy with the Schizophrenic Patient', *Gestalt Journal*, 4(1): 29–46.

Goldstein, K. (1939) *The Organism*, Book 6. New York: America Books.

Green, H. (1986) *I Never Promised You a Rose Garden*. London: Hodder and Stoughton (first published 1964).

Hall, R.A. (1977) 'A Schema of the Gestalt Concept of the Organismic Flow and its Disturbance', pp. 53–7 in E.W. Smith (ed.), *The Growing Edge of Gestalt Therapy*. Secaucus, NJ: Citadel Press.

Hazleton, L. (1985) *The Right to Feel Bad*. New York: Ballantine Books.

Horney, K. (1937/1977) *The Neurotic Personality of Our Time*. London: Routledge and Kegan Paul.

Husserl, E. (1970) *The Crisis of European Sciences and Transcendental Phenomenology*. Evanston, IL: Northwestern University Press (first published 1936).

Hycner, R.H. (1985) 'Dialogical Gestalt Therapy: An Initial Proposal', *Gestalt Journal*, 8(1): 23–49.

Jacobs, L. (1978) 'I–Thou Relation in Gestalt Therapy'. Unpublished doctoral dissertation. Los Angeles: California School of Professional Psychology.

Koffka, K. (1935) *Principles of Gestalt Psychology*. New York: Harcourt, Brace and World.

Köhler, W. (1947/1970) *Gestalt Psychology: An Introduction to New Concepts in Modern Psychology*. New York: Liveright.

Kottler, J.A. (1986) *On Being a Therapist*. San Francisco: Jossey-Bass.

Kübler-Ross, E. (1969) *On Death and Dying*. New York: Macmillan.

Lee, M.A., O.G. Cameron and J.F. Gredon (1985) 'Anxiety and Caffeine Consumption in People with Anxiety Disorders', *Psychiatry Research*, 15(2): 211–17.

Lewin, K. (1952) *Field Theory in Social Science: Selected Theoretical Papers*. London: Tavistock Publications (first published 1951).

Macdonald, A.M. (ed.) (1972) *Chambers Twentieth Century Dictionary*. London: W. and R. Chambers.

Maslow, A. (1968) *Toward a Psychology of Being*. New York: Van Nostrand.

Masterson, J.F. (1976) *Psychotherapy of the Borderline Adult: A Developmental Approach*. New York: Brunner/Mazel.

Melnick, J. (1980) 'The Use of Therapist-imposed Structure in Gestalt Therapy', *Gestalt Journal*, 3(2): 4–20.

Melnick, J. and S.M. Nevis (1986) 'Power, Choice and Surprise', *Gestalt Journal*, 9(2): 43–51.

Merleau-Ponty, M. (1973) 'Phenomenology and the Sciences of Man', pp. 47–105 in M. Natanson (ed.), *Phenomenology and the Social Sciences*. Evanston, IL: Northwestern University Press.

Moreno, Z. (1979) 'Escape Me Never', *Group Psychotherapy, Psychodrama and Sociometry*, 32: 5–12.

Morphy, R. (1980) 'An Inner View of Obsessional Neurosis', *Gestalt Journal*, 3(1): 120–36.

Naranjo, C. (1982) 'Gestalt Conference Talk 1981', *Gestalt Journal*, 5(1): 3–19.

Onions, C.T. (ed.) (1973) *The Shorter Oxford English Dictionary: On Historical Principles*. Oxford: Oxford University Press (first published 1933).

Ornstein, R.E. (1972) *The Psychology of Consciousness*. San Francisco: W.H. Freeman.

Ovsiankina, M. (1928) 'Die Wiederaufnahme von Interbrochenen Handlungen', *Psychologische Forschung*, 2: 302–89.

Passons, W.R. (1975) *Gestalt Approaches in Counselling*. New York: Holt, Rinehart and Winston.

Pavlov, I.P. (1928) *Lectures on Conditioned Reflexes* (trans. by W.H. Ganff). New York: International Publishers.

Perls, F.S. (1969a) *Ego, Hunger and Aggression*. New York: Vintage Books (first published 1947).

Perls, F.S. (1969b) *Gestalt Therapy Verbatim*. Moab, UT: Real People Press.

Perls, F.F. (1975) 'Group vs. Individual Therapy', pp. 9–15 in J.O. Stevens (ed.), *Gestalt Is*. Moab, UT: Real People Press.

Perls, F.S. (1976) *The Gestalt Approach & Eye Witness to Therapy*. New York: Bantam Books (first published 1973).

Perls, F.S. (1979) 'Planned Psychotherapy', *Gestalt Journal*, 2(2): 5–23.

Perls, F.S., R.F. Hefferline and P. Goodman (1951/1969) *Gestalt Therapy: Excitement and Growth in the Human Personality*. New York: Julian Press.

Perls, L. (1977) 'Comments on the New Directions', pp. 221–6 in E.W. Smith (ed.), *The Growing Edge of Gestalt Therapy*. Secaucus, NJ: Citadel Press.

Polster, E. (1985) 'Imprisoned in the Present', *Gestalt Journal*, 8(1): 5–22.

Polster, E. (1987) *Every Person's Life Is Worth a Novel*. New York: W.W. Norton.

Polster, E. and M. Polster (1974) *Gestalt Therapy Integrated*. New York: Vintage Books (first published 1973).

Polster, E. and M. Polster (1977) 'Gestalt Therapy', pp. 213–16 in B.B. Wolman (ed.), *International Encyclopedia of Neurology, Psychiatry, Psychoanalysis and Psychology* (Vols 1–12). New York: Aesculapius.

Reich, W. (1972) *Character Analysis* (third edition). New York: Simon and Schuster (first published 1945).

Reps, P. (1971) *Zen Flesh, Zen Bones*. Harmondsworth: Penguin Books (first published 1957).

Resnick, R.W. (1984) 'Gestalt Therapy East and West: Bi-Coastal Dialogue,

Resnick, R.W. (1987) *Personal Communication*.

Rosenfeld, E. (1982) 'An Oral History of Gestalt Therapy. Part One: A Conversation with Laura Perls', pp. 3–25 in J. Wysong and E. Rosenfeld (eds), *An Oral History of Gestalt Therapy*. New York: Gestalt Journal.

Rosenthal, R. and L. Jacobson (1968) *Pygmalion in the Classroom: Teacher Expectation and Pupil's Intellectual Development*. New York: Holt, Rinehart and Winston.

Rycroft, C. (1972/1979) *A Critical Dictionary of Psychoanalysis*. Harmondsworth: Penguin Books (first published 1968).

Sartre, J.-P. (1948) *Existentialism and Humanism* (trans. by Philip Mairet). London: Methuen (first published in French 1946).

Sartre, J.-P. (1956) *Being and Nothingness* (trans. by Hazel E. Barnes). New York: Philosophical Library (first published in French 1946).

Simkin, J.S. (1976) *Gestalt Therapy: Mini-Lectures*. Millbrae, CA: Celestial Arts.

Simkin, J.S. and G.M. Yontef (1984) 'Gestalt Therapy', pp. 279–319 in R.J. Corsini (ed.), *Current Psychotherapies*, Itasca, IL: F.E. Peacock.

Smith, E.W. (ed.) (1977) *The Growing Edge of Gestalt Therapy*. Secaucus, NJ: Citadel Press.

Smuts, J. (1926) *Holism and Evolution*. New York: Macmillan.

Stevens, B. (1970) *Don't Push the River*. Lafayette, California: Real People Press.

Stevens, B. (1975) 'Body Work', pp. 157–84 in J.O. Stevens (ed.), *Gestalt Is*. Moab, UT: Real People Press.

Stevens, J.O. (ed.) (1975) *Gestalt Is*. Moab, UT: Real People Press.

Stratford, C.D. and L.W. Brallier (1979) 'Gestalt Therapy with Profoundly Disturbed Persons', *Gestalt Journal*, 2(1): 90–103.

Suzuki, D.T. (1949) *Introduction to Zen Buddhism*. London: John Murray.

Suzuki, D.T. (1972/1974) *Living by Zen*. London: Rider (first published 1950).

Tobin, S.A. (1975) 'Saying Goodbye', pp. 117–28 in J.O. Stevens (ed.), *Gestalt Is*. Moab, UT: Real People Press.

Tobin, S.A. (1983) 'Gestalt Therapy and the Self: Reply to Yontef', *Gestalt Journal*, 6(1): 71–90.

Van De Riet, V., M.P. Korb and J.J. Gorrell (1980/1985) *Gestalt Therapy, An Introduction*. New York: Pergamon Press.

Van Dusen, W. (1975a) 'The Phenomenology of a Schizophrenic Existence', pp. 95–115 in J.O. Stevens (ed.), *Gestalt Is*. Moab, UT: Real People Press.

Van Dusen, W. (1975b) 'Wu Wei, No-mind, and the Fertile Void', pp. 87–93 in J.O. Stevens (ed.), *Gestalt Is*. Moab, UT: Real People Press.

Von Franz, M.-L. (1978) *Time: Rhythm and Repose*. London: Thames and Hudson.

Watts, A.W. (1962/1974) *The Way of Zen*. Harmondsworth: Penguin Books (first published 1957).

Wertheimer, M. (1944) 'Gestalt Theory', *Social Research*, 11(1): 78–99.

Whitmont, E.C. and Y. Kaufmann (1977) 'Analytical Psychology and Gestalt Therapy', pp. 87–102 in E.W. Smith (ed.), *The Growing Edge of Gestalt Therapy*. Secaucus, NJ: Citadel Press.

Whyte, L.L. (1954) *Accent on Form*. New York: Harper.

Wittgenstein, L. (1981/1986) *Tractatus Logico-Philosophicus* (trans. from the German by C.K. Ogden). London: Routledge and Kegan Paul (first published 1922).

Yontef, G.M. (1979a) 'A Review of the Practice of Gestalt Therapy' in F.D. Stephenson (ed.), *Gestalt Therapy Primer*. Springfield, IL: C. Thomas.

Yontef, G.M. (1979b) 'Gestalt Therapy: Clinical Phenomenology', *Gestalt Journal*, 2(1): 27–45.

Yontef, G.M. (1980) 'Gestalt Therapy: A Dialogic Method'. Unpublished manuscript.

Yontef, G.M. (1981) 'Gestalt Therapy: A Dialogic Method', pp. in K. Schneider (ed.), *Gestalt Therapie und Neurose*. Munchen: Pfeifer Verlag.

Yontef, G.M. (1984) 'Modes of Thinking in Gestalt Therapy', *Gestalt Journal*, 7(1): 33–74.

Yontef, G.M. (1987) 'Gestalt Therapy 1986: A Polemic', *Gestalt Journal*, 10(1): 41–68.

Yontef, G.M. (1988) 'Assimilating Diagnostic and Psychoanalytic Perspectives into Gestalt Therapy', *Gestalt Journal*, 11(1): 5–32.

Zeigarnik, B. (1927) Uber das Behalten von Erledigten und Unerledigten Handlungen. *Psychologische Forschung*, 9: 1–85.

Zinker, J. (1978) *Creative Process in Gestalt Therapy*. New York: Vintage Books (first published 1977).

Zinker, J. (1987) 'Gestalt Values: Maturing of Gestalt Therapy', *Gestalt Journal*, 10(1): 69–89.

國家圖書館出版品預行編目資料

完形治療的實踐／Petrūska Clarkson 著；卓紋君等譯.
　　--初版.-- 臺北市：心理, 2002（民 91）
　　　面；　　公分.--（心理治療系列；22041）
　　參考書目：面
　　譯自：Gestalt counseling in action, 2nd ed.
　　ISBN 978-957-702-533-3（平裝）

　　1.諮商　　　　2.心理治療

178.3　　　　　　　　　　　　　　　　　　　91016113

心理治療系列 22041

完形治療的實踐

作　　　者：Petrūska Clarkson
校閱主編：卓紋君
譯　　　者：卓紋君、徐西森、范幸玲、黃進南
總 編 輯：林敬堯
發 行 人：洪有義
出 版 者：心理出版社股份有限公司
地　　　址：231026 新北市新店區光明街 288 號 7 樓
電　　　話：(02) 29150566
傳　　　真：(02) 29152928
郵撥帳號：19293172　心理出版社股份有限公司
網　　　址：https://www.psy.com.tw
電子信箱：psychoco@ms15.hinet.net
印 刷 者：靖和印刷有限公司
初版一刷：2002 年 10 月
初版八刷：2023 年 7 月
Ｉ Ｓ Ｂ Ｎ：978- 957-702-533-3
定　　　價：新台幣 300 元